U0906520

中国福文化探源

九州出版社
JIUZHOUPRESS

图书在版编目（CIP）数据

中国福文化探源 / 李树杰，林锋，张俊林著. —北京：九州出版社，2022.4
ISBN 978-7-5225-0898-6

Ⅰ.①中… Ⅱ.①李… ②林… ③张… Ⅲ.①中华文化—研究 Ⅳ.①K203

中国版本图书馆CIP数据核字（2022）第058267号

中国福文化探源

作　　者　李树杰　林锋　张俊林　著
责任编辑　李创娇
出版发行　九州出版社
地　　址　北京市西城区阜外大街甲35号（100037）
发行电话　（010）68992190/3/5/6
网　　址　www.jiuzhoupress.com
印　　刷　河北盛世彩捷印刷有限公司
开　　本　710毫米×1000毫米　16开
印　　张　15
字　　数　208千字
版　　次　2022年4月第1版
印　　次　2022年4月第1次印刷
书　　号　ISBN 978-7-5225-0898-6
定　　价　89.00元

徐福像

“五福”（北京齐白石艺术研究会终身名誉会长齐展仪　题）

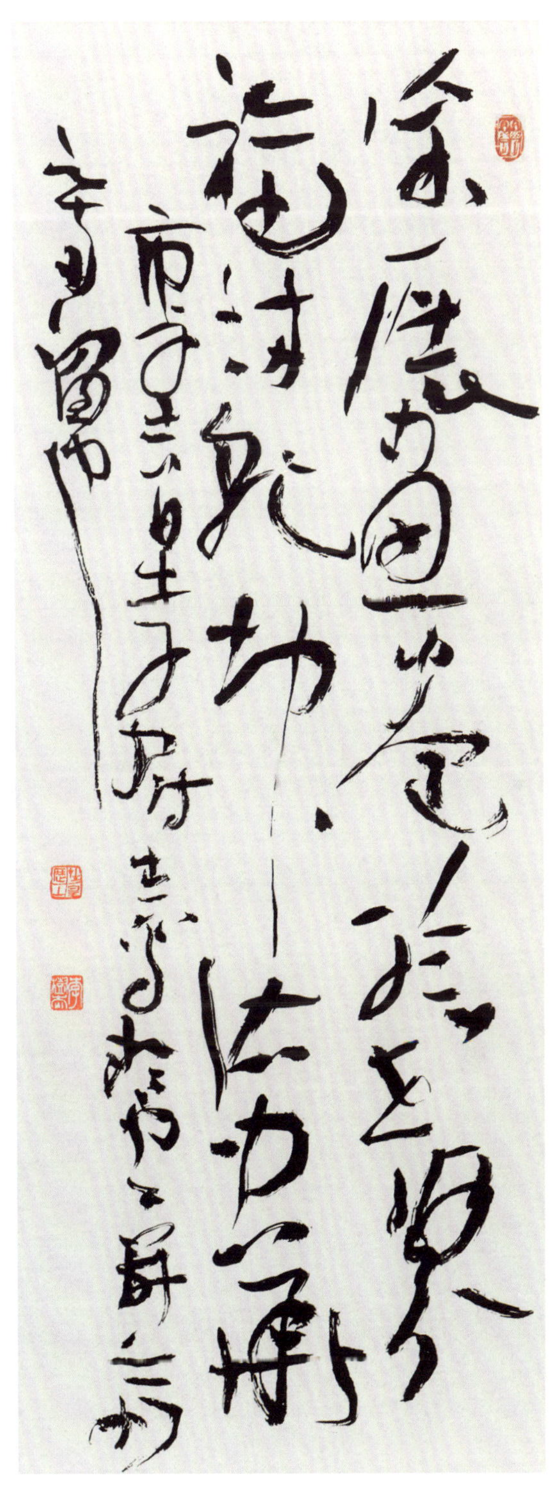

“徐展画卷绘世界　福满乾坤佑中华”（李树杰　书）

点赞《中国福文化探源》

汤重南①

受第五届中国徐福会执行会长兼秘书长李树杰先生的抬爱、信任，有幸提前拜读了即将由九州出版社出版的《中国福文化探源》书稿。笔者为大作的新视角、新观点及丰富的内容和引人入胜的表述深深吸引，读后感慨、受益良多。点赞之余，热诚地向学界同仁和广大读者鼎力推荐。推荐理由有三：

一是本书在三大学术前沿都有新突破。

《中国福文化探源》在中国福文化探源、溯源这一学术前沿问题上，对中国福文化起源提出了持之有故、言之有理的新观点，做出了独特的新贡献。

《中国福文化探源》在对徐福及徐福文化研究的学术前沿问题上也提出了新思路、新观点。对徐福、徐福与秦始皇，以及徐福文化内涵等方面都有内容上的丰富、扩展和深化；提出了一系列具有突破性的新论断。

《中国福文化探源》在古代中韩、中日关系以及文化交流史的许多学术前沿问题上有新的突破，并提出了新的研究视角和新观点，做出了新贡献。

二是在丰富中国传统文化的认知和传承上开阔了新视野、新角度。

《中国福文化探源》不仅对古典文献有新的解读，而且更从东亚和全球

---

① 中国日本史学会名誉会长，中国社科院研究员、博士生导师，中国徐福会顾问。

视野，有根有据地进行了令人信服的论述，提出了新论断。这一点，全书随处可见，闪光点俯拾皆是。

三是在新时代，本书更具有新价值和强烈的现实意义。

中国福文化、徐福与徐福文化，以及中国在古代东亚、全球的影响一直为世界瞩目，但是，近代以来长期受到忽视和抹杀，甚至使不少国人一时失去了文化自信。

《中国福文化探源》充分展示了中国人民的心胸、气魄以及自古以来中国对世界的影响。有鉴于此，笔者为大作点赞、叫好，诚心诚意地向学界同仁、广大读者推荐本书。诚望各位都能够读一读、想一想，为中华福文化、徐福文化走向世界，并成为世界新文化重要的、不可或缺的组成部分尽心尽力。

笔者也真诚地向中国徐福会和三位作者表示深深的感谢！感谢他们的努力和辛勤付出！

说　福

张国有[①]

福文化研究是一个很少有人涉及的领域。李树杰、林锋、张俊林三位作者创作的《中国福文化探源》对福文化做了多角度的探讨。在《中国福文化探源》即将出版之际，林锋先生邀我为此书作序。我对福文化体系研究不多，不敢多言，但想对福、福气、祸福转化谈几点看法，供大家讨论。作为序，也是对著作的出版表示祝贺。

福，似乎看不见摸不着，但我们常说某个人“有福气”“享福”，可以理解为享受“福的气氛景象”。“福”是虔诚清净、心情舒畅的境遇，“幸福”即为很幸运得到这样的“气象、境遇”。

“气”在中国文化中是个很有意思但又难以琢磨透的一种现象感觉。有个吉祥语叫“紫气东来”。汉朝刘向在《列仙传》中说：“老子西游，关令尹喜望见有紫气浮关，而老子果乘青牛而过也。”意思是说老子过函谷关之前，守关官看见有紫气从东而来，果然老子骑着青牛过来了。这个传说记述了“圣人过关”的吉祥气象。这里的“气”就是境遇，预示好运、生机、发展的气象。在中国语义中，“气”的核心意思是呼吸，“气”延伸开来就是人的生存条件，就是人的生机所在。“福气”就意味着心情舒畅的生存境遇在心理上的感受，感受到某种“福”的气象所在。

① 北京大学光华管理学院教授，北京大学原副校长。

福文化含有两层意思：福文与福化。福文指人们对福文字的理解所赋予的意义，福化指人们对得到福报福利的期望、过程与享受。“福”字，在古文解释中，其左边为天空日月星，意为天象和天神主宰；右边最初的形意是一个长颈鼓肚的酒瓶。“福”字的含义是人们以酒祭于天地和神灵，以虔诚获得天助，因此获得福荫。福字隐含着人们要虔诚地遵循客观规律并按客观规律办事，就能心情舒畅，就能得到好的生存境遇。而福化则意味着将“按客观规律办事”这个法则延伸到各个领域，进而得到福报福利，对福进行享受和感受。福文是理念和规则，福化是过程与结果。福文和福化可以归结为福的生成、演化、结果与感受。福文、福化相辅相成，就构成并展示为福文化。

需要指出的是，福文化并非只是一种一成不变的状态，而是在一定条件下起伏转承。老子在《道德经》五十八章中说：“祸兮福之所倚，福兮祸之所伏。”意为福祸互为因果，互相转化，福中有祸，祸中有福。究竟何为祸、何为福？在不同人那里感觉是不一样的。其关键既在于事实，更在于对事实的感觉和判断。至于祸能引出好的事情、福能引出坏的事情这样的相互转化，关键也在于对祸福的感觉与判断。

天意并没有注定某人、某个家庭就一辈子倒霉或一辈子有运气。尽管某些人出身富裕或出身贫穷，但并不意味一辈子就是这个样子。福的转化很大程度上在于自身的努力。企业、机构、国家也是这样。好与坏、得与失、苦与甜、顺境与逆境、成功与失败、停滞与发展等，变化、变顺、变好，全在于员工和民众的有组织的努力。有时努力并不一定变顺变好，这就是“福”的难以预测性。要想多福少祸，就要时刻想着福逆向转化的可能性。这就需要领导人、管理者、民众能够居安思危，“晴带蓑衣，饱带干粮”。得意时不要忘形，失意时不要颓废，尽可能保持行进在“心情舒畅的生存境遇”之中。

建设福文化对家庭、企业、机构、国家十分重要。福文化有四个基本要素：第一，福文化的基础是人及人的族群，是为人、为民众谋福利的。第二，福文化是求得能感受到的心情舒畅的生存境遇，没有这样的气象和境遇，就不会有幸福的感觉。第三，福文化要领悟祸兮福之所倚、福兮祸之所伏的转化机制，制定居安思危的规则。第四，在建设福文化的使命、愿景、理念、规则、机制的过程中，有一套评价福文化成效的评价体系或者指数，确保福文化有序有效。全球的福应有和平、战争、互通相处的指标，国家的福应有社会稳定、居民收入、民主自由的指标，企业的福应有市场地位、利润、员工心态的指标，家庭的福应有身体健康、子女孝敬、财源、品德的指标等。

祝贺《中国福文化探源》的出版，以此能引发更多的人关注和研究福及福文化。

目录

第一章　福文化起源探析

福，是中华优秀传统文化大厦的梁柱之一，是中国农耕文明的基石之一，是根源性文化之一，是中华文明的独特标志之一，其在几千年的演变和流行中已经深深地根植于神州大地，融入一代代华夏儿女、炎黄子孙的生产和生活、生命和精神中，成为劳动大众的普遍追求和一致向往。她也是由中国走向世界、被共同认可接受的和平吉祥文化。

“福”字的起源

“福”，在东汉许慎《说文解字》中解释为：“佑也。从示畐声。”佑，就是上天的保佑、帮助。示，其实就是古代的祭坛形状。表示人在祭坛上恭恭敬敬地献上祭品，向上天请求赐予帮助，得到吉祥和如意。在清代段玉裁《说文解字注》中又有特别的解释：“备也。”“福者，备也。”这一个“备”字，含义真是太丰富了。“备者百顺之名也，无所不顺者之谓备。”心想事成，百事顺遂，万事如意。

这里还有一句特别强调：“贤者之祭也，必受其福。”贤者就是有厚德和善行，又有能力和本领的人。这样的人心地是宽广的、端正的，所做的事情是正大的、光明的，所利益的不但包括自己、家人，更利益社会、国家、天下，为着所处时代乃至后世的人们创造长远的福祉。这样的人，必然能够得到天地神灵的认可，也必然赐下祥瑞。

福，不知其源起。如果只是作为一种祭祀形式，是我们的祖先在祭坛上恭恭敬敬地向上天祈祷，那么其最早的时间应该追溯到人类的远古时期。因为人作为智慧生命，一定从很早的时候就对天地神灵产生了敬畏，懂得了人类生命在天地宇宙间的渺小，懂得了只有怀着一颗谦卑之心，全心全意地顺应天地自然的大道，才能够活出生命的丰盛和精彩。这种祭祀很难说是中华民族所独有的，可以说在全世界任何地方，当一个族群处于蒙昧时期，都会自然而然地形成这样的一种祭祀仪式。

那么，“福”从什么时候开始出现并得到确立、成为中华民族文化和文明的独特标志呢？

答案很明显，“福”字作为一个符号到成为一个文字，不管经历了怎样漫长的历史岁月和复杂的形态演变，有一个基本的因素是一直不变的，就是“福”字右边的那一只长颈圆腹的酒坛子。也就是说，只有我们的祖先学会了酿酒，通过集体劳动的方式和统一规范的流程将其生产出来，并且经过早期部落、族群成员一致认可，正式确立为祭祀时沟通天地神灵的珍贵祭品，通过让上天四方的神灵品尝人类的劳动果实和创造智慧、蓬勃精神融入其中的美酒，而感通诸神，从而降下吉祥、如意，这种经过正式确定、统一认可、广为传播、长期流传最后固化下来的特殊祭祀仪式，就可以描述为“福”。

福，包含有祈福、赐福、受福、享福等各个环节的内容和仪式，福只是一种总称。

要确定这样一种福的特殊祭祀的内容、仪式，显然并不能够一下子完成，而是需要经历一个漫长的、持续的过程，需要不断地实践，在实践中丰富和发展，改进和完善，并且随着其传播和推广，不断获得更大范围内的认同。这是所有的文化从孕育产生到形成发展再到传播推广的一个普遍过程。当这种蓬勃发展、洋溢着生命活力和超越精神的福文化积累到了一定的程度，发展到高级的阶段，就进入了从福的符号和文字到福的“文而化之，明照天下”，由文化而文明，照亮每个人的内心，映出每个人的精神。从个体的人到集体的族群、国家，最后泽及整个天下，所有人都沐浴在温暖、祥和、美好、如意的光辉里，这就是最大的福祉、福气了。

今天，我们从殷墟出土的3000多年前的甲骨文中，去寻找“福”字，会惊讶地发现，它竟然是出现次数最多、形态最为丰富的一个字。据不完全统计，商朝一共出现了100多个“福”字，其变化多端，形态各异，结构丰富，简直将汉字的象形、指事、会意等功能演变到了极致，充分反映了其深入国家祭祀活动和民众日常生活的旺盛而活泼的生命力。最终经历过千百年演变，百川合流，九九归一，到商朝晚期，基本上就只剩下了一种“福”字的写法，确立了最终的统一规范。

为了方便大家对“福”字有一个全面认识，我们从上百个“福”的甲骨文形态中选出来五种写法，试着加以分析：

左图从上往下看，第一个“福”字，只是一只单纯的酒坛形状。这也说

集甲骨文“福”
（苏馨　书）

明从一开始，酒和福就是联系在一起的，甚至根本就是二而一、一而二的关系。以酒祭神，将人类通过辛勤劳动耕耘播种、获得丰收，采撷大地精华而得到的粮食，通过复杂的工艺，融合水的清澈洁净，再经过火的炙烤，保持与风的绵密悠长的沟通，经过无数个昼夜反复交替的磨砺，其间时时融入酿酒人的汗水、心血、智慧，乃至生命和精神，最终形成了一坛坛的美酒，也是当时我们的祖先进入农耕时代后的最高智慧结晶。将其奉献给至高无上的上天，祈求上天赐以吉祥、和平、安康。

第二个“福”字，左边多出了一个祭坛，甚至可以看到，出现了负责专门主持祭祀仪式、以双手捧着酒坛向上天敬献的巫者。关于巫的出现和源起，以及后来演变成为一类专门的职业，我们下面还要讲到。总之通过将巫者写进“福”字，说明向上天敬献美酒已经成为一种被广泛认可的固定的仪式，而且正式从民间的、个体及部落的行为上升到国家行为和集体行为，规模更大，仪式更为隆重，更具有专业性，也除了原来的实用性之外又多出来了艺术的观赏性。

第三个“福”字，调整了结构，由上下改为了左右结构，实际上是将“神上人下”调整为人神共处，也就是强调了人作为祈福、迎福、受福、享福的生命主体的重要性。上天赐福，天地神灵都有本领和能力赐下“福”，但是万物之中，只有人能受之。人与万物共生，感天应地，只有人通过自己的精神活动，参悟领会天地自然的创生智慧，参与创造过程。“福”说到底，其实还是一种生命和精神的体验，是根据每个具体而微的个体不同的感受和领悟能力而决定是“福”还是“祸”的。甚至有时候，上天也不知道给你赐下的是“福”还是“祸”，这里面有一个空间和时间的问题。“福”是随着时空的变化而流动不定的。这也是“福”的玄妙和精微之处，是天人感应、和合一体的一个展示。

第四个“福”字，还是左右结构，却将祭坛和酒坛子调了一个个儿，似乎在说明，参与祭祀的人群更众，举行祭祀的次数也更加频繁。说明祈福、迎福、受福、享福已经成为一种常态化的行为和仪式，人们在一年四季的劳动和生活中，在每一个重大的节日、纪念日，甚至在每一件有着特殊意义的事情发生的时候，都要举行仪式，有正式的仪式，也有非正式的仪式，福进万家，福已经如此深入地融入人们的生产和生活，生命和精神，福已经成为劳动大众的普遍追求和一致向往。

最后一个“福”字，已经非常接近我们今天所看到的通行的“福”字。尤其值得注意的是那只酒坛，已经具备了造型的美感，成了地道的艺术品，生活不再仅仅是生活本身，而是被注入了诗意，激发出了生命的神性部分。我们的祖先已经不仅仅满足于对自然造物的模仿，而是全力在创造了。“福”原本属于上天所独有，现在人也可以通过自己的劳动和智慧，更为深刻地领悟和遵循客观规律的“天道”行事，为自己谋福利求福报，也为他人送去利益和福祉，直至为全人类造福。

从出土的甲骨文上面“福”字演变的情况，我们可以得出这样几个结论：

一是“福”的仪式的起源，比文字的起源要早。“福”的符号或者说是文字，只是对这一特殊仪式的描述和记载。很有可能在商代的早期，甚至在夏代，上溯到三星五帝的时代，就有了祭天祈福的仪式。

二是“祈福”的仪式从一开始就是跟酒密切地联系在一起的。酒是祭祀祈福的必需祭品。毕竟要向神灵祈求美好吉祥的东西，就必须将自己拥有的珍贵之物奉献，虔诚地以作沟通。对我们的先祖来说，通过自己的劳动和智慧而酿成的美酒，无疑是对天地神灵最好的供奉。

在这里，还要提示大家一点，就是对盛酒使用的器具加以关注。我们知道，最早的人类文明孕育于石器时代，但只有进入陶器时代，人类文明才开始真正绽放出绚烂的光彩。根据考古发现，中国最早的陶器是在江西万年仙人洞出土的一只陶罐，已经有一万年左右的历史。要制造陶器，就要建起一座形如苍穹的窑，人类可以如同造物主一样自由地掌控火，烧制出带着生命活力和精神舞动的陶器。如果说利用自然之火，刀耕火种，是人类掌握生存本领的开始；那么建窑烧陶，将自然之火转化为文明之火，则是人类精神生命走向丰饶和盛大的开始。

用代表人类文明的精美陶器，盛着同样在劳动基础上注入精神而酿成的美酒，这是人类在最初时期文明的最高智慧呈现和最为沉甸甸的奉献。以此来献给天地神灵，通过这样祭祀的方式，展示全部的诚意，求得赐福。

三是主持祈福仪式的人，不是普通的百姓大众，而是有着特定的身份、本领或者说能力的人。这样的人，有一个专门的称呼——巫。“巫”，同样是一个古老的文字，《说文解字》中解释为：“祝也。女能事无形，以舞降神者也。”祝，就是向上天祝愿祷告的意思。而且这里说得非常明确：这个向上天祈祷的人，是女子。这位从事专门职业的女子，不是一动不动地跪在那里向上天献上美酒，而是跳着舞蹈，通过令人目眩的神秘而美丽的动作，可能还伴随着节奏鲜明的鼓点，一个人独自跳舞，或者两个人相对而舞，乃至一群人翩然起舞，总之，就是通过舞蹈这种特殊的艺术形式，通于天地，沟通神灵。这样有着特殊技艺、能力和本领的女子，被称为巫。

那么，为什么从一开始，福就与巫联系到一起了呢？我们来试着分析一下。

“巫”字的起源

1923年，在甘肃临洮马家窑村发掘出土的彩陶上，出现了一个比较有代表性的“万”字饰纹。这个抽象而神秘的“万”字符号，从发现以来，不管是专家学者还是民间人士，无不纷纷提出了自己的猜想，众说纷纭，难有定论。但基本可以肯定一点，就是这个“万”字符号与甲骨文中的“巫”有着很深的渊源和传承关系。甚至我们认为，这个看起来是在跳舞的女子形象，就是最早的“巫”字。

根据考古发现，在人类进入文明时代之前，有一个玉器时代，时间大约是在1万年前。

其中，北方燕辽地区的红山文化板块中有一个兴隆洼遗址，根据碳-14测定并校正，判定其时间距今约8000年，是目前中国境内所能见到最早的玉器文化遗址，出土了玉斧、玉玦、玉佩，还有最早的乐器——骨笛。那些经过精心打磨的玉器，显然已经脱离了生产的功能，而进入生活与精神的层次。玉，在这里明确具有了至少三种功能：一是身份功能。只有部落首领级别的人物，才能够拥有最精美的玉器。佩戴什么样的玉器就是身份高下的一种直接显示。二是财富功能。玉器成为财富的象征，甚至在当时就具备了货币的功能，可以在各地之间流通。三是通灵功能。玉为石中之灵，被先民认为是大自然造化的结晶。通过玉之灵，人可以

“万字纹”印（李树杰　制）

将自己身上与生俱来的神性唤起，进而与天地诸神沟通，回到传说中颛顼绝地天通之前人神共处的美好时代。

因此，能够主持玉灵的祭祀仪式，负责代表部落族人与天地神灵沟通的巫，就在那个时候出现了。我们有理由认为，最初的巫，一定是部落中最高地位的人，而在当时，基本上都处于母系氏族时期，所以这个地位最高的人，一定是最有智慧的女子。所以我们前面所说，巫从一开始，祭天、通灵，就是通过女子特有的舞蹈形式展示出来，可以想象当时的祭祀仪式，一定热闹非凡，融合了音乐、舞蹈，负责主持仪式的巫者，双手持着精美的玉石，翩然而舞，神秘、浪漫、唯美。

让我们再来看马家窑彩陶器上左边的那一个“巫”字，那分明是一位长发飘扬、双手持玉，正在翩然起舞的美丽女子，音乐缥缈，舞姿生动，令观者屏息凝气、如痴如醉……

在《说文解字》中，对巫的评价有四个字很值得注意：“博采通人”。这是非常高的评价，因为古代的巫兼有多种身份，既是通灵者，又是舞者，还是医者，能够治疗人身体上的病痛，也能够抚慰人的精神。这无疑是一个崇高而神秘的职业。大学者章太炎先生在《文始》中明确指出“上世以巫为圣”，巫者就是上古之世最早的文明创造者，是启蒙民智、确立民俗、规范生活仪式、丰富生命层次和提升精神境界的先知者和智慧者、实践者和创新者。

正因为巫具有多重性的身份特点，兼有神秘、艺术和祛灾治病的实用功能，因此作为一种被人崇拜的职业而队伍渐渐扩大，最后固定流传下来。

那么，从巫者的双手捧玉、以玉祭神到后来的双手捧酒、以酒祈福，这一转变又是如何发生的呢？或者说这一根本性改变过程又是如何完成的呢？

这就要从我们的人类祖先从玉器时代进入青铜时代说起。

从巫文化到福文化的演化与转变

1924年，马家窑遗址出土了一把青铜刀，今天仍然孤零零地躺在那里。虽然只是一把刀，却隐含着中华文明进入青铜时代的最早的神秘信息。根据专家们研究分析，得出结论：此刀距今约五千年，很有可能是从铜锡共生的矿中冶炼出来的，用科学的方法进行测定，含锡量接近10%。

“巫字纹”印（李树杰　制）

试想，以这样一把锋利的青铜刀，一个以铜刀、铜斧为武器的文明，去对阵一个以石刀、石斧为武器的文明，彼此之间发生激烈的冲突，结果将是怎样的？很显然可以得出确凿无疑的结论：一定是玉器文明在经过一阵心有不甘的抵挡后，被彻底打败，从而不得不被裹胁进入一个更加充满力量，也更加对生命带来威压和震慑的青铜时代。

关于青铜时代，专家学者已经研究得非常多了。著名美学家李泽厚先生有一个比喻：“狞厉之美”，一直以来都被认为是对青铜时代最确切的概括。的确，我们看到所有的墓葬里出土的玉器，无不圆润、柔和、精美，充满了艺术的造型之美和浸润着人类道德情感的温暖气息。可是，那些出土的青铜器无一不是冷冰冰的，一些青铜面具的面部表情也都经过了故意的夸张变形，让人望而生畏，甚至不寒而栗。这样的一种美，这样的一种艺术造型，已经不是反映普通百姓的生活，而是代表着至高无上的王权，代表着对芸芸众生的强势掌控了。

当然，如果回到现实层面上，青铜器的出现，对于生产力的发展确实是一种巨大的提高。将青铜制作的犁头装上去，耕田翻地的速度无疑更快，比起刀耕火种的玉器时代，生产效率简直不知道提高了多少。可以想象，大批的荒芜田地被开垦出来，人们得以更加集中、更加安定地在一个地区长久地生活下来，繁衍生息，从部落而聚集成族群，从族群而成为联盟，当一个全国范围内的大联盟形成，国家的雏形就出现了。

有了国家，也就有了两件大事：一是祀，这是对玉器时代的祭祀仪式和文化的传承；二是戎，就是战争，这是进入青铜时代的国家彼此都拥有强大的武力之后，经常发生的一种冲突和争斗形式，要么征服，要么被征服。在征服与被征服之间，战争摧毁着一切，也创造着一切。

在这里，我们有一种独特的观点，也是对中华文化和文明的一种个别解释：在普遍性认为国家大事在祀与戎的观点基础上，还存在着祀与戎之间的一个过渡性的、连接性的事物——酒。

众所周知，中华文化和文明从一开始就是带着和平的基因的。如果说，从玉器时代进入青铜器时代，从祀到戎之后，我们并没有进入一个凭借拥有的强大武力而四处征讨、对外扩张的看似必然性的发展轨道，那是因为，在这个关键的节点上，酒的出现，酒文化的形成和发展，起了很大的，甚至是关键的作用。

酒，可以说是我们先祖的独特创造，也是中华文明和精神的高级智慧结晶。

“酒”，在《说文解字》中解释为：“酒，就也，所以就人性之善恶。从水，从酉，酉亦声。一曰：造也，吉凶所造也。古者仪狄作酒醪，禹尝之而美，遂疏仪狄。杜康作秫酒。”

这个解释很复杂，里面的含义很多，大体上可以从三个方面来分析。

第一，“就也”，而且这个“就”说得很清楚，是“就人性之善恶”。什么意思呢？为什么如同甲骨文所示意的那样，往酒缸里注水，或者说向外舀水，就看到了人性的善恶呢？这让人不由得想到自古以来，就有人在造酒的时候向里面兑水造假的故事。可以肯定的是，酒在一开始出现的时候，一定是一种极其珍贵的饮料，只有高贵的人才能享用。如果拿出来一部分到市面上去销售，即使价格再高也供不应求。因此，就会有不法分子看到有利可图，往酒里面兑水，将其进行稀释，这样一坛子酒就变成了一坛子半，甚至是两坛子酒。酒又是分等级的，因此又会有人以次充好，各种投机取巧的行为难以详说。从这个意义上说，酒的确反映了人性的善恶：如果在善良的人手里，酒就是最好的饮品，是可以供奉神灵的最佳祭品；如果在邪恶的人手里，酒就成了牟利的工具，也为可能引发的不良后果埋下了祸根。

《寿酒》（齐良迟　绘）

当然，这只是从世俗的意义上来说的。那么，从祭祀的意义上来说，酒就如同当初的玉一样，是用来祭神的。通过敬献最为珍贵的祭品，求得神的庇佑。如果祭祀者是抱着美好的愿望，不但为自己和家人，而且为部落和更为广大的群体祈求吉祥如意，那么这就是最大的善，神灵赐下吉祥，酒作为中间祭品沟通神灵，就在最大程度上发挥了善的功能。如果祭祀者只是抱着为自己升官发财，甚至请求神灵帮助自己做一些不好的事情，那么有的凶神、恶神也会因为享用了美酒祭品而答应，这样一来酒就成了恶的帮凶，反而促成了实现恶的功能。

由此可见，酒本身只是一种祭品，无善无恶，只是因为祭祀的人有善有恶而已。

第二，“造也”，“吉凶所造也。”为什么酒会关系到吉凶的形成呢？

我们说，古人之所以向神敬献美玉、美酒，就是希望通过这个媒介与神灵沟通。而要真正做到与神灵沟通，其实美玉和美酒都只是媒介，起决定性作用的，还是人们的心。“心诚则灵”，诚是什么？就是全然地敞开自己，将自己的内心所有的欲望和贪念、执着，都通过古老而神圣的斋戒仪式清除掉。在进行祭祀的前三天甚至一个月，就开始不吃肉食，专心致志地反观自己的内心，反省自己的过错。将身体反复地洗浴，直到身体从外到内都没有一丝一毫的尘埃，这时候的人，全然成了一个“空”的存在，成了一个管道，一个容器，可以借助美玉、美酒和神灵沟通，接受神灵传递的信息。

心诚则灵。然而并不是所有的人都心诚，很多人在祭祀的时候，口中所说的话和心中所想是不一样的。有的人甚至认为，祭祀不过是走一个形式和过场。这就叫作不诚。古人认为，如果带着这样的想法去祭祀神灵，则吉祥求不来，反而可能惹怒神灵，降下灾殃。

祭神如神在。孔子虽然不语“怪力乱神”，但是他非常注重祭祀。儒家在周代的时候从文王、武王、周公开始，就已经确定了祭祀祖先的做法。在中国几千年的文化传统中，祭祀祖先都是一件大事。而不管什么样的仪式，献上如何丰盛的祭品，“诚”都是第一位的。“诚者天之道，诚之者人之道。”“不诚无物”，诚者，成也。心诚方能心想事成。

酒，吉凶所造，还有一层含义。古时候仪狄造酒，经过无数次的尝试和探索、改进后，终于酿造出了美酒。他将美酒献给大禹，大禹尝过之后认为酒味醇美，但是立刻意识到：像这样美味的酒，连自己都会被吸引，那么在后世一定会产生因为饮酒无度而误国误民的君王。何况酿酒又要耗费那么多的粮食，这样一旦成为风气，就会因为消耗大量的粮食而造成农业供给的保障不足，从而动摇国家的根本，所以大禹果断地疏远了仪狄。

这就告诫我们：适度饮酒，的确可以带来愉悦精神和身心的作用，但是如果不懂得节制，一味地追求愉悦和刺激，就会在不知不觉中埋下灾祸，既伤身体，又误事误人。

第三，其中提到了两个著名的造酒人，一个是仪狄，一个是杜康。仪狄是负责大禹饮食起居的官员。大禹因为治水有功而得到舜禅让天下，成了天下共主。他当了君主之后更加忙碌，他的女儿担心他的身体，希望仪狄能够在美味上想一些办法，让父亲多吃一些东西。仪狄一天在山林中寻找奇珍异果，忽然看到一群猴子在争抢一潭汁液。他过去一看，原来是桃子汁。一尝之下，居然美味无比，而且筋骨活络，精神大振。于是他开始研究这种“神仙之水”，经过一次次的尝试，最终造出了美酒，献给大禹，连大禹也被吸引，才有了上面的记载。虽然大禹不肯多喝，但是酒这种好东西已经被证明是人间美味。后来大禹把女儿嫁给了仪狄，据说仪狄在离开宫廷后，开了第一家酒坊，被后世尊为“酒神”。

从酒诞生的历史，我们可以推测，祈福敬神，以酒为祭，时间上应该不早于大禹时期。一开始酒的产量非常低，所以“福”正式成为一种仪式，酒成为祈福仪式上的最珍贵的祭品，推广普及开来，当是在夏代。

杜康，《说文解字》载：“杜康始作秫酒。又名少康，夏朝国君，道家名人。”如果说仪狄造酒，还是一种利用山林中的水果造出来的果酒，那么杜康造酒就是实实在在的粮食酒了，其工艺一定复杂了许多。但也正因此，才会大规模生产，使得酒成为祭祀仪式上的普遍之物。关于杜康其人，历史记载不详，大致是夏朝中期或者后期人。这一时期，青铜器得到普遍运用，粮食生产效率大大提高，产能不断地翻倍，才会有了那么多的粮食供酿酒使用，工艺也固定下来。

第四，以酒代玉，向神祈求，实际上赋予了福文化和玉文化迥然不同的含义。玉文化是灵的文化，在古老的、原始的、“万物有灵”的时代，人作为万物之灵，和天地万物保持着沟通。但那同时也反映出了对灵的重视而对人的轻视。相反，到了酒文化、福文化时代就不一样了，这时候已经进入了一个“绝地天通”的时代，人和神已经分开了，象征着在人的身体里，人性已经觉醒，处于主要和主导地位；神性已经退而处于次要地位，“人神共处”成为一种遥远的记忆和朦胧的渴望。天在上，地在下，而人居中，人成了顶天立地的存在，独立的完整的生命得到了普遍的认可和尊重，通过劳动耕种粮食，通过将丰收的粮食酿造成美酒，人向神证明了自己的智慧。但人的身体里还是有神性的存在，借助于酒这种特殊的媒介，神性会在一个瞬间，重新占据主导地位，而与天地宇宙的神灵混合一体，人又变成了“神”，人神合一，天地合一，这就是酒能通神。

酒能通神，是最早的酒神精神的起源。所谓的酒神精神，就是通过酒精的刺激和麻醉，让人的精神得以暂时脱离肉体的控制，升腾而与天地融合在一起，获得一种超越性的视角，从而意识到原来个体的生命并不是孤立的，而是与宇宙天地连接一体的，是天地本源的一种具体而微的存在。个人从来都没有与天地宇宙的母体隔绝，因此个体的生命也不会因为我们肉体被损伤、被生老病死所折磨而随之陨灭。生命是完整的，精神是不朽的，这样个体就不会在对抗自然环境的风雨和忍受生理病痛的折磨过程中而痛苦不堪。借助于酒，人重新回到了宇宙母亲的怀抱，找回了那种温暖感、安全感和幸福感，暂时获得了解脱。

齐白石制印边款

从对生命的更深层次理解到获得超越性的力量，让我们有勇气和智慧回到生活本身，这就是酒的特殊作用：帮助我们与自然和解，与我们的这个自然生命、这个复杂多变难以驾驭而又必须面对的社会生命和解，帮助我们认识到生活是欢乐和诗意的，生命虽然无常，但是在我们不断丰富完善追求超越的突破与提升过程中仍然值得赞美与歌颂。无论如何，活着的生命，多重体验交织的人生，都是值得庆祝的、美好的、不可替代的存在。如果说在玉文化中，生命是缥缈的、神圣的，那么在酒文化中，生命就是真实的、世俗的。酒文化和玉文化有一个最大的不同：酒是大众性的。用玉和天地神灵沟通是一小部分人的特权，但是用酒和天地神灵沟通，却是人人可为。祭神祈福从国家层面走向了民间，普及到了百姓层面。这是一个看似自然而然的发展过程，却又是一个巨大的转变。

让我们再回过头来看，酒与福，从一开始就联系在一起："福"字的右边是一个酒坛子的形状，其实换个角度看，酒字右边的"酉"，又何尝不可以直接理解为是一个"福"字，是"福"字最早时期的甲骨文形状。这样一来，"酒"字的含义就更加丰富了。什么是酒？酒就是福与水的组合。福的特性如同水一样，都是变化不定的。《道德经》载："祸兮福之所倚，福兮祸之所伏。"不过水是有着客观规律的，就是"水性趋下"。那么福的客观规律是什么呢？就是"正"。正心诚意，养正气，做正事，走正道，那么福就会如同源远流长的水一样，从四面八方向你这里汇集，成为大江大河，而要成为海洋，则要尽量避免走极端，不要让全部的福都一个人享受，而要"分福""送福""传福"，帮助他人得到福利福报，谋求创造福祉。正如饮酒很少是一个人的行为，要一群人在一起分享美酒才有意思；独自享福也不是真正的福，只有和身边人、周围人、全族群和全社会、国家乃至天下的人一起共同创造福利福报，求得最为广大和长久的福祉，功在当代，福泽千秋万世，才是真正的大善大德，至高福报。

酒与福，有一个共同的特点，就是充满了和平、欢乐与美好的意味。二者都是沟通的媒介和桥梁：在人与自然、人与人之间，搭起了真诚、友善

《福禄延年》（齐展仪　绘）

的理解之桥、合作之桥、友谊之桥、美美与共的诗意与欢乐之桥。“无酒不成宴”，虽然只是一句俗语，却反映了酒的特殊功能。其实所有的战争，所有的人与人之间的冲突与争斗，都源于沟通的不畅，源于心与心之间的距离太远，源于彼此不肯或者没有机会去足够了解对方，去感同身受、设身处地地为对方的利益和福祉考虑。人之所以和动物不同，就在于我们是有这种超越性的精神存在的：我们可以为了一个更高的目标，为了更为高尚的情怀，为了更为长久的发展和更为美好的生存，选择彼此之间化干戈为玉帛，杯酒泯恩仇，而不是一定要争夺个你死我活，这即是我们中华民族所选择坚信的“人性善”。当然也有人提出“人性恶”，但大多数人还是宁愿相信“人性善”，正是这个选择让我们从一开始就充满对天地的敬畏、对人与人之间的温暖情感的依赖，以及对美好未来的希冀与想象。

国家大事在祀与戎，有了酒文化，则对戎进行了部分的消解和补充，从而让人的生命和精神，在死生之间，在刀光剑影、鼓角争鸣的激烈与残酷之间，多了一份对生命的温情，多了一份对人的情感世界、内心世界的关怀和慰藉，因此我们的文化也呈现出更为鲜明的人文色彩。

也正因为我们有了独一无二的酒文化，与福文化相得益彰，交相辉映。福文化也因此变得更加生动真实、更加充满了生活气息和人间烟火。

福文化的深层次内涵

带着这样的理解和认识，我们再来看“福”在《说文解字》中的解释，就会有更为深刻的理解：“福，佑也。”“备也。”这里包含了以下几层意思：

一是佑，就是神灵保佑的意思。这里的神灵也分为两类：第一类是自然界中的神灵，统称为“天”。对天的敬畏，其实就是对自然的敬畏。虽然人类从石器时代进入青铜时代，又进入铁器时代，生产力不断提高，也开始在音乐、舞蹈、绘画、诗歌、建筑等各方面不断创造创新，将对天地创生万物的能力模仿转化为人类自己的艺术创造，但是人类始终没有忘记自己是自然之子，所从事的一切都不过是对天的模仿，所取得的一切成就和天比起来都是那么微不足道。人类仰望星空，始终将最美好之物献祭给最高的天，不敢僭越。第二类是我们的祖先，这是从周取代商以后，正式确立了祖先崇拜的传统。祖先即神灵，每一个家族的老人自然生命结束后，精神生命并不会随之消失，而是会随着子孙后代的繁衍得到传承，写有其名字的牌位摆放在家族祠堂的祭台上，心安理得地享受着后代子孙的香火祭祀。每一代的子孙都会在重大的节日里，将自己所做的事情和取得的成就向祖先汇报，而且首先将功劳归结于祖先的庇佑。正是这样的仪式和传统，让祖先的精神生命延续，也让家族在整体精神生命传承的基础上不断发展壮大。所以，我们说的这个“佑”，其核心和主旨，就是一个“敬”字。

二是备，也叫百顺。请注意这里不是普通的顺，而是百顺，也就是所有的顺的集合，无有不顺，我们今天常说的“百事亨通”“一顺百顺”，都是这个意思。顺在这里也有两种解释：第一种是主动去顺，对天地神灵摆出顺从的谦卑姿态，听到上天的指示没有一丝一毫的犹豫和迟疑。这种顺从看似容易，实则很难。孔子曰：“六十而耳顺。”有学者认为，“耳顺”主要用来听天道。道是用耳朵来听的，天的意旨，上天的命令，都是通过耳朵来听的。但是这个“听”要在完全意义上做到却很困难，有时候是根本听不到，有时候是听到了却听不进去，有时候即使听进去了，也不能照着去做。毕竟人都有自己的个性，也有着在各自的生存环境和成长历程中所形成的习气，这些是特点，也是障碍。像孔子这样的圣人，都是在不断地反省改过的，如同卫国的大贤蘧伯玉：“五十而知四十九之非。”每一天都在反省，不断地督促自己改过。孔子教诲弟子，是“日三省吾身”，他自己当然也是这样做的，可是一直到六十岁，他才能时刻“听”到天道，一丝不苟地去践行天道。

三是受。当人们虔诚地敬畏上天，听到上天的指示后全心全意地照着去做，就可以受“福”了。天地万物，生命浩瀚，从飞禽走兽到鱼虫虾鳖，甚至于草木花果，造物主对待所有的生命都一视同仁，用自己无边的德泽普惠一切。仅有一个例外，就是唯有人能受福。这是一个非常有趣的现象。当然这只是从人作为生命主体的角度来说的，对其他生命来说，可能“身在福中不知福”，自然地接受造物的恩泽而不自知。“阳春布德泽，万物生光辉。”春天一到，万物复苏，到处一片生机盎然，但只有人能够在这个生命勃发的季节里进行审美的高级精神活动。只有人的高级生命和智慧才能反观自身，推及自然，获得幸福体验。

福，是一种生活、生命和精神的体验。人能受福，从上天那里接受福之后，不是一个完成，而是一个开始。通常我们在春节的时候，家家户户都要在门上贴一个福字，祈福、受福，就是希望一年之中百事顺遂。在这一年中，我们时刻带着一种敬畏神灵、感恩家人和同事、朋友的心，去认真做事、做人，这才算是真正的受福，不仅是自己将福接到家里、身上，而且要将自己的福气和好运与他人分享，努力通过自己的行为去造福，惠及更多人。然后，到了第二年，又开始了一个新的轮回，如此世世代代传下去。对我们每个人来说，福是想，是受，是识，更是行，造福传福，广种福田。

古人云：“福至心灵。”对福的感受和体验，不是通过我们的头脑，而是通过我们的心灵；不是在完全理性的情况下，而是在喝了酒之后，让内心深处的真性情得到激发，让与生俱来的那一份神性重新获得升腾和飞舞的空间，归于天地宇宙的母亲怀抱，通过酒来洗涤我们在俗世生活中沾染的尘埃，而重新使得心灵归于淳朴和纯真，精神回到人类古老而纯洁的童年时代。这样一种纯然建立在心灵感悟之上的福文化，一种几千年前就已经确立了基本仪式、在千年传承中不断丰富和注入新的内涵的文化，是我们中华民族所独有的，也只有我们中华儿女，才能真正体悟她的深邃和博大，洞彻她的神秘和美好，接受她的赐予和恩泽。

随着中国和平崛起，随着中国与世界的融合日渐密切，构建人类命运共同体的理念和积极行动得到越来越多人的认可、肯定，加入其中，随着世界文明和文化的中心从西方开始向东方偏移，随着以春节作为独特的国家文化标志之一、福字作为春节文化中最受欢迎的文化符号和仪式，在全世界范围内广泛和持续的传播。不仅仅是海外华人、华侨，甚至是一些地地道道的外国人，也开始被福文化所吸引，被这个字所蕴含的魅力所征服。衷心地希望他们能够和我们一样，从福字中感受到那么多的韵味和意象，从福文化开始拥有一个更加美好、更多欢乐的人生！

总之，福从一个古老的祭祀仪式、一个模糊的文化符号开始，经过数千年来华夏大地上一代代中华儿女的演绎、创造，在长时间的传承实践中不断感悟，不断创新创造着形式，赋予其符合每一个时代的内涵和精神，福的意味越来越浓厚，福的气息也越来越具有人间的烟火之气。古人认为，在经历了上古时代的人神共处，到后来的天崩地陷、绝地天通之后，福重新构建起了人与神之间的桥梁，让人类的精神可以在天地间自由地翱翔，让我们秉承天地灵气的生命在辽阔的大地上诗意地栖居。福文化的形成和演变，经历几千年的沧桑岁月而不衰，一直到21世纪的今天还焕发出强大的生命力。在我们一次次遭遇生存危机、在我们的精神一次次感到迷茫、焦虑、疲惫的时候给我们以抚慰。作为后代的子孙，我们不能不发自内心地感谢我们的祖先，给我们创造了这样独具一格的文化，为中华文化体系植下了这么坚实而粗壮的根系，深深地扎根在神州大地的土壤深处，滋养着一代又一代子孙后人；今天的我们，也要效仿我们的祖先，不仅接受天地宇宙的恩赐和遥远祖先的祝福，而且更要用我们的双手去开拓，用我们的心灵去创造，用我们的整个生命和精神去造福，造福家人、朋友、社会，造福国家、世界，为整个人类的和平发展、富足安康贡献自己的智慧和力量！

第二章　和平为福

——从少昊凤凰文化说起

和平，是人类所能祈求上天降下的最大祥瑞和福气，是五彩的金色凤凰舞动着垂天之翼，在绚烂云霞的烘托和金色阳光照耀下送到人间的……

《和平》（齐白石　绘）

五福的来历

在探析过巫文化、福文化的起源，梳理了二者的关系之后，相信大家对福文化已经有了一个宏观上的理解和全面性把握。接下来，就让我们从微观层面，对福文化进行结构性解读。

今天，我们对福文化有一个共识，就是“福”是由“五福”组成的。“五福临门”，这个成语的普及程度可以说妇孺皆知，而随着每年春节在家门口大门上贴的“福”字以及人们拜年时候说的吉祥话，其使用频率更是高居不下，可见人们对这个成语的偏爱。只是关于“五福”的表述，还有很多人不清楚其具体内容，没有从更深的文化含义上进行分析。

查诸史料，我们能找到“五福”说法的最早来历，是在《尚书·洪范》的“九畴”中，对“五福”做出了这样的解释：“寿、富、康宁、攸好德、考终命。”

关于《洪范九畴》，是周武王和箕子论述天人关系时提到的。

箕子这个人在历史上大名鼎鼎，是殷商末代君王商纣王的伯父。他和微子、比干三个人，是当时的三大贤臣，也是后来孔子所推崇的“三仁。”

三个人中，箕子以智著称，成语“见微知著”就是因他而流传下来的。他在辅佐朝政的时候，见到纣王命人为自己制作了一双象牙的筷子。本来这只是一件寻常事情，因为当时象牙已经是很常见的东西，一国之君用象牙筷子吃饭也谈不上多么奢侈。可是箕子却感叹说：“用上了象牙筷子，就要用白玉的杯子来匹配。有了这样的餐具，就想着要用远方的奇珍异兽、美味佳肴来作为盘中之物。光是吃好了还不行，还要有好的车子出行游玩，要建筑华丽的宫殿来供自己享乐。这是一个不好的开始，以后国家的运势就要走向危险和衰落了，只怕难以挽回啊！”

从这么一件小事情，预见了整个大商王朝的衰败，不愧是智者。但显然，纣王是不愿意听这样的话的，每天有这么一位叔父在耳边唠叨，实在让人心烦，于是他就找了个罪名，将箕子给囚禁了，贬为奴隶。

公元前1124年，周武王兴兵伐纣。牧野一战之后，纣王自焚而死。商亡而周兴，箕子的预言不幸被证实了。而他则逃离变乱，悄悄地来到了箕山（今山西东南部晋城市陵川县棋子山），过起了隐居生活。

周武王求贤若渴，知道箕子的大名和才华，到处派人寻访他。得知箕子隐居之地后，周武王亲自来到山中向他请教治国之道。

开始箕子一句话都不说，装聋作哑。后来周武王一再恳求，箕子看他的确是一位贤明的君主，知道他是真正可以造福百姓的人，于是就将据说是夏禹传下来的《洪范九畴》陈述给了武王，内容一共九条：

一是五行，即“水、火、木、金、土”。“水曰润下，火曰炎上，木曰曲直，金曰从革，土曰稼穑。润下作咸，炎上作苦，曲直作酸，从革作辛，稼穑作甘。”这是关于五行的学问。

二是敬用五事，“一曰貌，二曰言，三曰视，四曰听，五曰思。”就是态度要恭谨而严肃；说话要和顺，说话和顺办事才能顺利；认识要清楚，认识清楚才能辨别是非；听事要聪敏，聪敏才能谋事成功；思虑要通达，通达才能做到圣明。圣明就不会被蒙蔽，减少犯错误。这是如何当好领导。

三是农用八政，即管理民食、管理财货、管理祭祀、管理建筑、管理教育、管理司法、接待宾客、治理军务。这里的农，不仅仅是农业的事情，更是农政的意思。农政和德政是当时君主最重要的两件大事。

四是协用五祀，就是要和岁、月、日、星辰、历数协调一致。这显然是讲天文历法方面。历法是关系到农业生产的大事，马虎不得。

五是建用皇极，即树立皇极的威信，并建立遴选官员和赏罚的标准。这是朝纲制度。

六是义用三德，即治理众民要以“正直”为本，在必要时又要刚柔并用，或者是以刚制胜，或者是以柔制胜，三者缺一不可。

七是明用稽疑，就是通过龟卜和巫占以探询上天的旨意，同时，参照卿士、民众和自己的意见做出判断和决定。

八是念用庶征，就是通过雨、晴、暖、寒、风等的气候变化以判断年景和收成。这是天文知识，是古老观星法的具体应用。

九是飨用五福，威用六极，这应该是“五福”第一次出现在正式的历史记载上：“一曰寿，二曰富，三曰康宁，四曰攸好德，五曰考终命。”与之相对应的则是六极：“一曰凶短折，二曰疾，三曰忧，四曰贫，五曰恶，六曰弱。”五福、六极都很直白，考终命，就是老寿而终。凶短折，就是未成年而死为凶。可见在当时“五福六极”之说已经很普及了。

今天，我们再来读《洪范九畴》，虽然说是箕子传承自大禹，但是多半加入了自己的补充和解释，因此，《洪范九畴》可以说是一部完整的治国方略。“五福”之说，也因为其齐备而流传至今，并没有多少的改变。

这里面，我们要注意两个概念。

一是五福的“五”。我们发现，《洪范九畴》中特别喜欢用“五”，这显然受到了当时已经体系完善的五行学说影响。那时候的先民，已经懂得五行道理，知道事物之间对立而统一，相生又相克，彼此转化，保持平衡。

带着这个观点，我们再来看五福，就会发现五种福之间存在着整体联系的关系。

寿，就是长寿。每个人都想长寿，这是生命的本能和基本要求。但前提是你得活在一个清平祥和、没有战乱的世界里。生逢清明之世，只要自己从事基本的劳动，温饱安居，少欲无妄，远灾祛病，就自然可以长寿；但是如果生逢乱世，战乱不断，或者说天灾频繁，洪水、瘟疫、灾荒四起，人的生命在这样的环境里根本没有保障。今天吃了饭，下一顿不知道在哪里；今天闭眼睡觉了，明天眼睛不知道能不能睁开。没有一个和平稳定的环境，生命和生活无法自主选择，长寿也是无从谈起的。

富，就是富有。富有是指财物上的积蓄。什么样的财物积蓄可以称为富有？不仅仅自己一家人生活无忧，还可以为后世子孙留下一些积蓄，有了丰厚的家底，可以确保家族的繁衍，这叫作富。富面临着一个基本的问题

“仁者寿”（吴云之① 制）

是如何保全财富。因为在古时候，社会上的整体财富是有限的。一个家族积蓄了很多财富，其他百姓一定得到的就少了，所谓“不患寡而患不均”，就会产生动荡不安。富的一个负面效应就是会带来偷窃和掠夺，甚至遭到财富的反噬。古话说“富不过三代”，在两三千年里一直是适用的。创业不易，守成更不易。老子说：“金玉满堂，莫之能守。”有钱必骄，骄则必招祸患。因此，富甲天下的陶朱公才会三次散尽家财，明哲保身。

康宁，就是健康，没有或者少生疾病。人的疾病来自两方面：一方面是躯体的生理性疾病，一方面是精神的病理性疾病。当人精神好的时候，身体上有一点病痛也无妨；一旦精神出了问题，焦虑、抑郁、狂躁、孤独，身体的各种疾病就会来到，最后这个人的寿命一定不长。

可见人要想少生病，循道而行是最好的方法。中医的方法是治未病。在没有生病的时候就进行预防，当生病了的时候也以一个积极的心态面对。

① 吴云之，中国美术家协会会员、中国徐福会理事。

攸好德，“攸”在《说文解字》中解释为流水，又引申为居所、处所，攸好德就是老子说的上善若水：“居善地，心善渊，与善仁，言善信，政善治，事善能，动善时。”要主动选择把自己放在很低的位置，为人谦逊，彬彬有礼，选择与人为善，一诺千金，善于处理各种事情，做事情善于从中找到方法，把握最有利的时机。总之行善而不为恶，“莫以善小而不为，莫以恶小而为之”，善的积累，恶的积累，都会有很大的后果。

人之好德，譬如水之就下，是一种自然而然的本性。有时候，我们过于推崇道德品性，仿佛这是很难的事情，很了不起的事情。有的人一听到“仁义道德”就吓了一跳，有的人觉得自己做行善积德的事情需要有回报，至少要获得一定名声，是有条件的。但其实这件事情并不难，我们只要顺着本性去做，水到而渠成。

考终命，就是自然老死，顺利走到自己寿数的终点。的确，遗传基因对人的寿命影响很大。有的人有长寿基因，家族中的人动辄九十一百多岁。有的人则有疾病基因，到了一定的年龄就会发病，家族中的人有些五六十岁就去世了。这些都是自然生命，如果顺利走到终点，也算得上是考终命了。

还有一些人是死于非命，就是遭遇各种天灾人祸，不能保全自己的自然寿命。有的人才华横溢，却英年早逝，不能不令人扼腕叹息。有的小孩子尚未享受生命的欢乐就夭折，实在令人痛心。

二是五福的“全”的概念。五福不是一种或者两种就叫作“福”，而是“五福齐备”才叫“福”。五福也通常不是一种或者两种来到，而是一下子来到的，这叫“五福临门”。这无疑是一种系统性思维方式的表达。

五福齐备，在大多数人看来，只能是一种理想状态，可遇而不可求。毕竟，一个人又要生活在和平之世，又要富足，身体健康，积德行善，自然而终。这些因素加在一起，实在是太难得了，但唯其难得，才更加值得追求。而要创造一个这样“五福齐备”的美好环境，就需要从上面的君主到下面的百姓，一起努力，修养德行并扩充到家国天下。

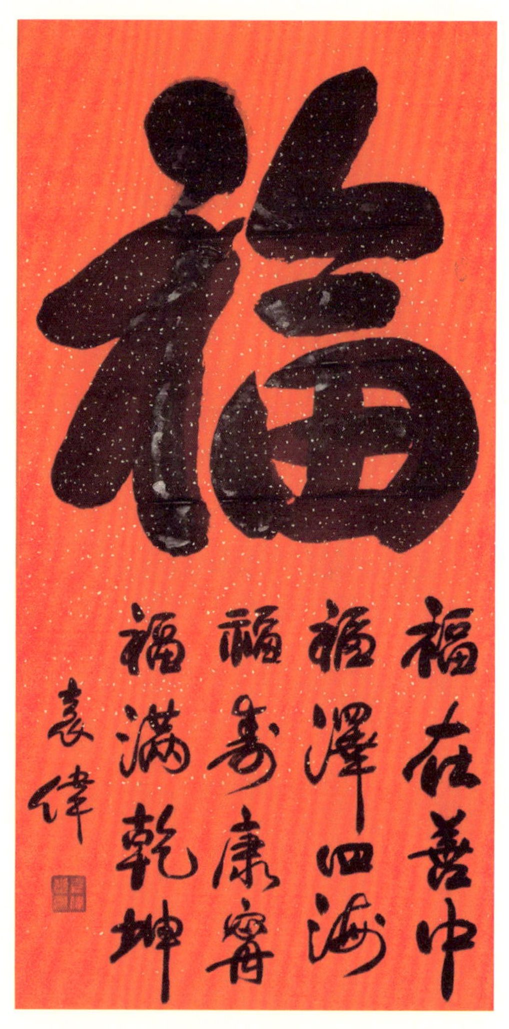

《五福》（袁伟　书）

但是，也请千万不要狭隘地理解，我们祈求五福齐临是一种贪婪。毕竟，从开始戒斋沐浴，虔诚祈祷开始，我们就在向上天许诺，要过一种积极向上的生活，选择一种有利于自己和家人，为社会和国家贡献，为天下众生谋求福祉的生活方式。这是一个正面向上的系统，是一个螺旋式上升的过程。我们一旦开始进入这个向上的系统，就会获得一种发自内心的力量，牵引着我们不断向上、向外，扩大自己的生活范围，丰富自己的生命，壮大自己的精神，充盈自己的心灵。儒家所说的“诚意正心”，为什么要把诚和正放在第一位？“诚”就是展示，向上天展示全然的一心一意的自己。展示什么？就是自己走正道、做正事、成正业的决心。“正”，是我们每个人的人生之路踏出第一步的方向，是成就事业大厦的最稳固的支撑，唯正能大，唯大能久。没有这个“正”字，“修身齐家治国平天下”就无从谈起。

所以，我们祈求五福齐备，实际上是对自己的一种鞭策。要想承受上天恩赐，自己本身就要做得足够好，足够优秀；不但自己求福，而且要为天下求福；不但求福，而且要像上天一样，去创造福，布德行善于天下。这就需要我们时时修德进能，不敢有丝毫懈怠，更永不自满。

追溯历史故事《洪范九畴》，可以发现，当箕子将九畴传授给周武王之后，害怕周武王再来请他出山，辅佐朝政，于是带着家人连夜悄悄离开，一直到了海边，又浮海而到了朝鲜半岛。当时那里尚是一片未开化之地，箕子就教导当地的人建筑房屋、开垦农田、养蚕织布、烧陶编竹，自然也将九畴的方法运用在了政治、经济和生活各个方面。其中也包括五福文化的传播、实践，所以箕子实际上是中华福文化海外推广第一人。

后面，我们还要说到，在箕子渡海传播福文化的800多年后，也就是到了周王朝终结之际，又有一个人跟随他的脚步，将中华福文化传播到了海外。这个人就是受秦始皇帝之命率领千童东渡出海的徐福。只不过，他不是像箕子那样自发地传播，而是在秦始皇帝的授命下，有计划、有组织、大规模地进行五福文化的传播和推广，实践和发展。这也是我们在本书首次提出、反复论证和述说的一大重点。徐福千童东渡，不仅仅是一次著名的历史事件，更是一大文化事件，是中华文明和文化第一次真正意义上向海外传播和推广，而福文化是其中的一个重要和核心内容。在秦始皇帝的精心策划和大力支持下，经过徐福千童及其后代的传播实践、不断丰富完善，中华福文化的种子从中国到韩国、日本，在世界各地生根发芽，长成参天大树。

和平为福

今天，置身于21世纪，作为现代人，我们认为，五福第一，就是和平。

和平，从古到今，都是一个沉甸甸的词语，人们对其寄予了多少的期望，其中又蕴含着怎样的渴盼，承载了怎样深沉的情感和美好的想象。文明和战争是一对孪生兄弟，从人类文明的萌芽开始，就伴随着战争。一次次战争促进了文明的融合与发展，但是也付出了无数生命牺牲的代价。我们从今天的考古就可以知道，在七八千年前的中国土地上，从北到南出现

“同一个世界”印（韩焕峰[①] 制）

① 韩焕峰，西泠印社理事。

了六七个文化区域，这几个文化区域时而独立，时而联合。胜利者将自己的文化薪火保留了下来，失败者则将自己的故事隐藏在了神话传说中。最为著名的就是炎黄与蚩尤之战，也是华夏文明的第一次统一之战。那一战的惨烈残酷，至今仍然让人动容。

从神话时代进入信史时代，我们看到，有文字记载最多的就是战争。每一次大的战争，都是一次文明和野蛮的对决，通常都是野蛮战胜了文明，而文明经过九死一生的蜕变，又一次焕发出新的生机，经过融合后吸收新的元素，然后变化新生，发展壮大，走向成熟和辉煌，接着是又一次地从成熟到衰落，又一次被战争所摧毁、进入重生。这似乎是人类文明的必然宿命，也是文化交流融合的必然结果。

对现代人来说，创巨痛深的记忆是两次世界大战。在20世纪上半叶，短短二三十年间，相继爆发两次世界大战，全人类都被卷入其中。第一次世界大战死亡人数是一千多万人，第二次世界大战死亡人数是近六千万人。这是直接统计的伤亡数字，还有许多未被列入统计的生命，加在一起就更加令人触目惊心了。我们不能不扪心自问：难道这就是自诩为万物之灵的人类？难道这就是以理性和文明而自豪的我们？难道我们的文明就是制造出杀伤力更大的武器，然后对准人类自身？如今，世界上的拥核国家，所拥有的核武器足以将人类毁灭几十上百次。如果人类真的成了自身的终结者，那将是最大的悲剧。

在中华文明、中华文化的基因里，和平是最深层、最根本，也是最强大的基因，而且历经了五千年之久的岁月沧桑，历史风云的变幻，一直稳定地传承到今天，依然在中国走向世界的现代化之路上发挥着重要作用；依然是中国推动世界构建人类命运共同体的核心支撑力量。

诚然，自中华文化诞生之日起，“和平”的理念就已经深蕴其中。

而且，我们拥有一个代表着和平的图腾——凤凰，即凤凰文化。

凤凰，凤凰文化，与一个人紧密地联系在一起——少昊。

少昊其人

少昊，就是我们常说的三皇五帝中的一位。

《史记》载："黄帝二十五子，其得姓者十四人。黄帝居轩辕之丘，而娶西陵氏之女，是为嫘祖。嫘祖为黄帝正妃，生二子，其后皆有天下；其一曰玄嚣，是为青阳，青阳降居江水；其二曰昌意，降居若水。"

少昊即玄嚣，也叫青阳，是黄帝的长子，母亲是嫘祖。《帝王世纪》记载："少昊帝，名挚，字青阳，姬姓也。……降居江水，有圣德，邑于穷桑，以登帝位，都曲阜，故或号称穷桑帝。"

这段话里面有几个值得注意的地方。降，《史记索引》载："降，下也，言帝子为诸侯。降居江水……即所封国也。"也就是说，黄帝将江水这个地方作为了少昊的封国。江水在什么地方，存在争议，有人说是山东西部地区的一条河流，是黄河两岸的一条支流；也有人说是山东的东南，沂河或者沭河流域。总之都位于山东省境内。

关于少昊，传说在少年时代就被黄帝送到了东夷部落，成为凤鸿氏部落的成员。其实在今天看来，就是黄帝要与东夷部落联盟，派少昊作为交换的人质，以此获得喘息之机，取得与炎帝部落战争的胜利。少昊后来获得了凤鸿氏首领的赏识，将女儿嫁给了他。首领去世后，少昊接替他的职位而成为凤鸿氏部落的新首领。正因为少昊在东夷部落中有着很高的声望，所以黄帝最终在涿鹿之战中，打败并且杀死了蚩尤，天下一统后，才要将少昊封在东夷部落主要活动的这一片领域，以求得长久安定。所封的江水，大致就是今天临沂境内的郯城一带，也就是古郯国。这个也是有历史根据的。

让我们先来看一个见诸历史记载的真实故事。鲁昭公十七年（公元前525年），孔子只有27岁，还在到处寻访名师的学习阶段。这一年发生了一件轰动的事情，郯国著名学者郯子来鲁国拜见鲁昭公。孔子听说有这样一个向大学者请教的机会，自然不肯错过，想方设法参加了这次宴会。在宴席上，鲁国大臣叔孙昭子问郯子："听说先生博学多才，我想问一下，古代的时候帝王少昊氏，以鸟名官，您知道是为什么吗？"叔孙氏何以会有这么一问，因为前面说了，"少昊都曲阜"，西周初年周公封于鲁国，就是"少昊之墟"。作为鲁国的贵族，对于少昊这位祖先自然是充满了敬仰的。而之所以要问于郯子，则是因为郯子是从郯国来的，郯国是在少昊建都曲阜之前，最先建立的封国，这一层关系我们要讲明白。

郯子不愧是大学者，立即侃侃而谈："少昊是我的祖先，我当然知道。从前，黄帝以云来记事，因此他的百官都以云命名；炎帝以火来记事，因此他的百官都以火命名；共工氏以水记事，他的百官都以水命名；太昊氏以龙记事，他的百官都以龙命名。我的高祖少昊挚即位的时候，恰遇凤鸟飞来，因此便以鸟记事，他的百官也以鸟命名。如凤鸟氏掌管历法，叫历正。凤凰是吉祥的神鸟，它一出现天下就和平安定，它是知道天时的。历正是主管历数、正天时的官，故叫凤鸟氏。玄鸟氏掌管春分、秋分。玄鸟即燕子，它们春分飞来，秋分离去，故名掌管春分和秋分的官为玄鸟氏。伯赵氏掌管夏至、冬至。伯赵就是伯劳鸟，它夏至开始鸣叫，冬至停止，各官职以它命名。青鸟氏掌管立春、立夏。青鸟就是鸽鸬，它在立春开始鸣叫，立夏停止，故这个官职以它命名。丹鸟氏掌管立秋、立冬。丹鸟即雉，它立秋来，立冬离去，故以它命名。以上这四种鸟都是凤鸟氏的属官。祝鸠氏就是司徒。祝鸠非常孝顺，故以它命名主管教育。从颛顼之后，无法记录远古时代的事情，就从近古时代开始记录。作为管理百姓的官职，就只能以百姓的事情来命名，而不能像从前那样以龙、鸟命名了。大概就是这样。"

在场诸位无不佩服郯子的学识渊博。孔子也觉得大受教益，于是在宴席结束后立即向郯子求教，行拜师礼，"见于郯子而学之"。曲阜孔庙《圣述图》上有一幅插图叫《学于郯子》，描述的就是"孔子师郯子""孔子问官"

的故事。

在这段历史记载里，我们可以清晰地发现这样几条信息：

一是同样是在少昊氏建都的地方，在少昊氏一生主要活动的区域，当着鲁国的君主和各位大臣的面，郯子公然称“少昊是我的祖先”，那是有着相当的底气和自信的。应该说，大家都是少昊的后人，可是他却不说“我们”而说“我”，那只能说他是真正来自少昊故里，是少昊最早的封国之地。

二是他明确提到了少昊建国之时，有凤凰飞来，是吉祥的神鸟，象征天下和平。由他之口来对凤凰文化的象征意义进行阐述，说明凤凰文化是东夷文化早就有的，而且很有可能是凤鸿氏部落的特色文化。

对少昊出生传说的考证

关于少昊的出生，有这么一个传说。

当少昊出生的时候，天上出现了一片五色的祥云，随之，五只凤凰翩

少昊像

翩而来，分别是按五方的颜色红（南）、黄（中）、青（东）、白（西）、玄（北）而排列的，飞来之后就落在少昊家的庭院里，连声鸣叫。然后，少昊就出生了。父母为了纪念此事，给他取了个名字“鸷”。

少昊出生，五凤齐至，如果传说属实，那么这样一件重大的事情，一定会在历史上留下记载。可是郯子在讲述少昊帝故事的时候，并没有说到这一点。这大致上可以做如下解释：

一是如前所说，少昊是少年时代才到的东夷部落凤鸿氏。他既然不是在那里出生的，所以他出生的传说在当地流传不广，因此郯子不知道。

二是郯子重点讲了少昊帝立国的时候，有凤凰飞来，但不是五凤齐至。尽管如此，依然是值得被大家铭记的事情。因此，当地留下了与凤凰有关的记忆。郯子说得清清楚楚的事情，应该是凤凰确实出现过。

查诸历史，“凤鸟至，河图出”，凤凰的数次出现，也是不争的事实。

到了周代的时候，“凤鸣岐山”已经成为历史事实。《国语》对此记载得清清楚楚。后来《诗经》中也出现了“凤凰于飞”诗句。

历史上的文字记载，总是需要地下出土的文物或者化石来给予印证。

2005年3月20日，中国地质科学院宣布，该院一个科研小组在河北丰宁晚中生代地层中，首次发现了迄今世界上最原始的鸟类化石，并将其正式命名为“华美金凤鸟”。后来，经过进一步研究，证实华美金凤鸟实际上是恐龙中的一种——伤齿龙类，这块化石成了伤齿龙类恐龙长有羽毛的首个证据。虽然不是“鸟”，但后来从丰宁地区陆续出土的其他化石，证明了当时存在着一个庞大的生机蓬勃的百鸟群，如在丰宁四岔口—外沟门一带，先后发现并正式定名的，就有河北细弱鸟、丰宁原羽鸟、始孔子鸟、冀北滦河鸟等多个种属。这些鸟类化石保存完整度很高，很多连绒毛状的细微羽支都非常清晰。

既然在很早的时候，在这一大片区域就存在着一个“鸟的国度”，那么少昊氏以鸟名官，建立一个以凤凰为图腾的国家，也就是顺理成章的事情了。

在今天，在中国的很多地方，还流传着有关凤凰的记忆和传说。如有的地方叫凤凰城，有的地方叫凤凰岭，有的地方则直接叫凤凰、凤城。很多都是从风水的角度，以其状如凤凰而得名。但真正跟凤凰有关的，最多的还是在今天河北的沿海一带，以及山东境内的临沂、日照等地。古老流传的“凤出东夷”也印证了凤凰文化就是东夷文化的标志。

既然从郯子的话中，我们推断出少昊不是在那里出生的，也就是说不在临沂和日照地区，那么少昊的出生地，很大可能就在河北境内。

让我们沿着这个思路去看一下，在今天河北境内，与凤凰有关的几个地方。

一是承德丰宁，有一座凤山。我们说过，这里曾经是鸟的王国，远古时期百草丰茂，也曾经经过几度的沧海桑田。从将发现的鸟命名为“金凤”就可以看出，在当地人的内心或者潜意识里，还保留着对古代凤凰的记忆。

二是唐山。唐山原来的名字不叫唐山，而是叫凤凰山。唐山是公元645年，唐太宗李世民率军东征朝鲜半岛。回途中经过此地，在现在的唐山大城山驻扎，其爱妃曹妃不幸病逝。李世民念其爱妃，特别将此山命名为唐

凤凰图

山。之前的凤凰山，得名于一个传说：在很早很早以前，唐山这块土地上并没有人烟，有一天，忽然飞来了一对凤凰，在这里相亲相爱，生活下来不走了。有路过的人们看到后，就把这座山叫作凤凰山。后来人们觉得这里是祥和之地，就有越来越多的人到此居住。

三是宁晋，历史上被称为“凤凰城”。相传在公元前25世纪左右，在宁晋古大陆泽之滨有一棵高千丈的桑树，叶红椹紫，一万年才结一次果实。桑树引来了凤凰，凤凰吃到成熟的果实后，高兴得引颈高歌，声音悠远，招得百鸟飞来，争相朝拜。如此情景惊动了少昊帝，于是就带着百姓赶过来，在这棵桑树下居住下来，发展生产，后来称“穷桑帝”。凤凰飞走后，人们依照凤凰俯卧的形状，修建了一座城邑，取名凤凰城，即宁晋城的根基。后来少昊称帝后，迁移到了山东，在曲阜建都。但宁晋凤凰城却成了“福地”，名人贤士纷纷前往，据说舜、禹、汤、姜尚、重耳等均曾在宁晋建功立业，终成大器。《诗经·大雅》中写道：“凤凰鸣矣，于彼高冈。梧桐生矣，于彼朝阳。”记载的就是这一段凤凰高歌，百鸟朝拜，佳时兴盛的祥瑞情景。

四是盐山。古名凤凰城，这里也是我们经过多番考证后，认为最接近“少昊出生，五凤飞来”之地。

《拾遗记》中记载了一个美丽的故事：“母曰皇娥，处璇宫而夜织。或乘桴木而昼游，经历穷桑苍茫之浦。”

故事中说，少昊的母亲叫作皇娥，是天上的织女。她经常在劳动之余，偷偷地来到下界，在无边无际的大海上漫游。一天来到了穷桑之浦这个地方。

穷桑，我们已经说过，这个地名不可考证，但很有可能有一棵大桑树，或者是一片连绵不绝的桑林，说明当地很早就有种桑养蚕的习俗。这片地方应该就在今大的河北宁晋—盐山—丰宁一线的沿海区域。苍茫之浦，历史上沧州得名正是“沧海之地”的含义。浦，就是河流的入海口。盐山古名饶安，其东南地区河流纵横，历史上就是河流入海之口。当地的人们出海大都在这一带。所以，苍茫之浦，基本可以划定在盐山东南一带，便是少昊母亲当日游玩之地。

“时有神童，容貌绝俗，称为白帝之子，即太白之精，降乎水际，与皇娥宴戏……帝子与皇娥泛于海上，以桂枝为表，结熏茅为旌，刻玉为鸠，置于表端，言鸠知四时之候，故《春秋传》曰‘司至’，是也。”

在苍茫之浦，皇娥遇到了年轻英俊的太白金星，二人一见钟情，结伴游玩。在泛游海上的过程中，互诉衷肠，交换了定情信物，结为夫妇。

皇娥是一位善于演奏音乐的高手，她一边弹瑟，一边用自己优美而清脆的嗓音唱歌：

“天如是清寥，地如此宽广，置身于其中只觉得浩浩茫茫；万事万物都在变幻之中，一刻都没有停下，也没有固定的形状；每天在这苍茫的天地之间孤独地游荡，直到来到穷桑之地，苍茫之浦，碰到我的情郎。我和情郎的心意相通志趣相和，相亲相爱的欢乐和喜悦铭骨难忘。”

古代男女在桑林之中相约相爱，是司空见惯的一件事情。《诗经》中关于这样的歌曲很多。

一番恩爱过后，皇娥有了身孕，十月怀胎，生下了少昊，然后，就出现了我们开头说过的那一幕：当少昊出生的时候，先是天上出现了五色的祥云，如同伞盖一样笼罩在少昊氏庭院上空，后来就飞来了五色凤凰。

关于五色祥云，是凤凰出现时候的前兆。河北省盐山县有一个古庆云乡，今天叫庆云镇。史料记载：“史记天官书曰：‘若烟非烟，若云非云，郁郁纷纷，萧索轮囷，是谓卿云。卿云见，喜气也。’”卿云，古以为祥瑞之气，取其意，且卿通庆，故取名庆云。卿云，应该记录的就是少昊出生、五凤飞来的喜庆之事。在全国其他地方，有这么明确的地名记载作为印证的地方，似此仅见。

另外，关于少昊为太白金星之子，还与天文学上的一段奇特景观有关：太白金星，也就是金星，早晨出现在东方，称为启明星；晚上出现在西方，称为长庚星。在古代又被称为太白，因为在夜空中的亮度是仅次于月亮的，肉眼可见十分清楚，而且位置相对固定，因此被我们的祖先所熟知。太白先在东，后在西，这个特点后来跟秦人的西迁联系在一起。少昊的后人中，有许多姓氏如：尹、金、张、嬴、梁、桑、秦、谭、徐、黄、江、李、赵、萧、舒、修等。其中的嬴姓一支，西周时，非子为周孝王养马有功，受封于秦亭（今甘肃清水县秦亭乡），其后以地名为秦姓。后来，非子裔孙建立秦国与秦朝，子孙以国名为秦姓。秦人在西方建立了千秋基业，但是仍然不忘自己的东方先祖少昊，所以利用了太白金星晨见于东、夕见于西的特点，少昊遂成西方天帝。

总之，在三皇五帝的远古时代，我们的祖先都是迁徙不定的，经常在一个地方待上一段时间，休养生息，繁衍后代，部落壮大之后，就要到更大的地方去图谋发展。有时候是主动出击，有时候是被动防御，就在各个部族、各个文化的不断冲突与融合中，华夏的文明和文化不断丰富而且盛大起来，最终走向了大一统。

让我们回到故事本身：皇娥和太白金星有了爱情的结晶，生下了挚。但是他们二人都是天上的神仙，不可能亲自哺育孩子，于是只好忍痛将他送给别人。正好在江水之畔，遇到了黄帝和嫘祖夫妇，就把挚送给了他们抚养。据说皇娥作为报答，还将自己的纺织本领传给了嫘祖。后来这个叫挚的孩子长大，就成了少昊，辅佐黄帝一统天下。

关于少昊和凤凰，古代先民为什么对凤凰有那么强烈的喜爱乃至于崇拜，究其实质，还是反映了对“和平”的无比渴望。

以凤凰为祥瑞之鸟，从传说而到成为少昊一族，乃至建立国家的标志，后来又从少昊国推广开来，成为整个华夏文明和文化独特的美好艺术形象。当华夏大地上普遍进入青铜文明之后，凤凰的形象就多了起来，而且明确被定义为“祥瑞”。如《山海经·南次三经》载：“穴之山，其上多金玉，丹水出焉，而南流注于渤海。有鸟焉，其状如鸡，五彩而文，名曰凤凰。是鸟也，饮食自然，自歌自舞，见则天下安宁。”《异物志》说：“其鸟五色成文，丹喙赤头，头上有冠，鸣曰天下太平，王者有道则见。”《汉书》《后汉书》《三国志》《晋书》中都有五彩鸟的记载。秦汉以来，关于凤凰的具体形象也多了起来。

既然凤凰作为“祥瑞”，代表着“和平”，那么我们就来仔细看看，“和平”这一中华文明和文化的核心与基石，这一最深层次的基因是如何形成的。

和平基因的形成与传承

首先，是禅让制度。我们知道，在尧舜禹时代，都是采取的禅让制。天下不是用来争夺的，而是用来“禅让”的。这是我们中华文明走向早期成熟的一个独特性标志，也是独一无二的标志，是和平的开端。

其次，是在春秋时代，不管是孔子，还是老子、孙子、墨子，这几位中华文明的先贤和圣哲，不约而同地提出了“和”的核心思想和主张。

河北盐山徐福千童东渡遗址公园内的千童东渡馆

我们以儒家思想为例来做一番分析。儒家思想集大成者和代表人物孔子，从小生活在一个非常混乱的时世，他的生长经历非常坎坷。即便如此，孔子在长大成人后，也并没有表现出对这个世界如何的愤懑和抱怨，“不怨天，不尤人”，而且他始终对人生、对世界、对人和人之间的关系，抱有一种积极的态度，热切的关爱，真挚的相信，努力推广自己的仁爱学说。“礼之用，和为贵。”他希望各个国家的君主都带头实行仁政，放弃武力，选择礼治。这与孔子的母亲颜征在有关。孔子的父亲叔梁纥是鲁国有名的三勇士之一，武力绝伦，能够力举城门。可是他征战一生，并没有为人民带来安宁和平。他后来娶妻颜征在，夫妇二人在尼山祈祷，希望上天赐给自己一个儿子，可以给这个世界带来和平。然后就有了“麒麟送子”这一幕。一只麒麟来到这对夫妇家的庭院里，孔子就出生了。

麒麟同样是祥瑞的代表，头顶有角，是肉做的；爪子锋利，趾有连蹼；象征着有武力而不用，武力是保障和平的必要条件，而不是恃强凌弱。孔子的一生都在为天下的和平而奔走。他教导学生的“六艺”，礼、乐、射、御、书、数，射就是射箭。射箭不是为了上战场杀敌，而是公平地较量箭艺，“射不主皮”，就是箭射到牛皮的靶子上，射中了靶心，却不穿透靶心，这是不炫耀自己的力气的谦逊之意。孔子的思想虽然在列国争霸的时代得不到重视，却奠定了中华文明的和平内核，几千年来一直指导着一代代中国人追求和平、捍卫和平。

和平，也就是和文化，我们要深刻探索和理解其中所蕴藏的丰富内涵。

“和”，在《说文解字》中解释为：“相应也。从口，禾声。”这个字在甲骨文中，左边是上面一张口，下面一排箫管，右边是禾苗的形状。本义是用口吹笙类的乐器，发出和谐的音律。但是这个字显然又不仅仅这么简单。禾，既是声旁也是形旁，表示禾本植物，即空心的竹管或芦管。请注意这个“空”的特征。只有用空的竹管或芦管，才能吹奏出动听的、变化多端的音乐来。而引申开来，一个人只有将自己“倒空”，让自己的内心成为一个“空”的存在，成为一个能够容纳不同意见、听进去不同声音的空的容器，他才能够做到“和”，与别人协调一致。

从这个“空”的角度上来说，“和”与“福”具有天然的相通之处。“福”也要求我们的身体、我们的内心成为一个“空”的存在，成为一个能够受福、容福的容器。在祈福之前，需要斋戒沐浴，就是要把自己的身体上的污垢去除，把自己的内心杂念排除，最大程度把自己“倒空”，然后，就能接受天地神灵赐予的福，有足够的地方盛放福了。

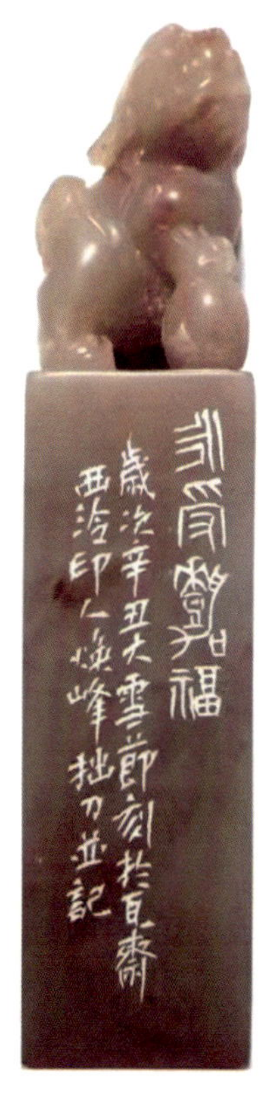

“永受嘉福”印（韩焕峰　制）

和，又不仅仅是音乐的唱和，还有人与人之间的声音不同而主旨思想一致，这样就会形成一团“和气”。“和气”不是天地自然形成的氤氲之气，因此看不见摸不着，但是人们可以用心去感受到。在一个充满和气的集体里，人们的精神状态是不一样的，自然而放松，快乐而美好。这样子状态的人是最自由自在的，也是最充满创造力和向上精神的。如果用一个词语来形容这种状态，大概最适合的词语就是“幸福”。与“和气”相对应的就是“福气”，“福气”同样看不见摸不着，但是又是真实存在的。我们说一个人真有福气，就是他被笼罩在一种福的气象里，身体和精神状态都处在最积极、最和谐的境况。

和，与平相连。“平”，在《说文解字》中解释为：“语平舒也。”是乐声舒缓、气息舒徐的意思。其主要特点是柔和静。柔才能顺着别人去唱和，而不是和别人争高下。静才能听到别人不同声音、不同思意思的表达。请注意柔和静不是弱，不是自己本身没有力量，没有自己的独立思想意志，也不是不敢表达自己的观点主张，而是像静止的水面一样，清楚地反射出外在事物的投射倒影。如果水面起了涟漪，则什么都看不清楚了。

对于福来说也是如此。我们常常将一个词挂在嘴上："享清福。"福为什么和"清"联系在一起？就因为福是要靠我们的内心去体验和感悟的。如果我们的内心晴朗一团，平静无波，就能将天地神灵赐给我们的福，丝毫不差地照出来，就能真正将这一个"享"字做到极致。反之如果心内杂乱一团，各种欲望蒙蔽镜面，各种杂念在心灵湖面上激荡翻涌，则连上天赐给自己的是什么样的福都看不清，何谈一个"享"字。

在传统文化中，我们以竹子为例。竹子被誉为具有"清"的精神，竹子所生长的地方，通常都是青山秀水，清风徐来，人与竹子为邻，就会感觉神清气爽。东坡有诗："宁可食无肉，不可居无竹。无肉令人瘦，无竹令人俗。"竹子其实有很多和福相关的特点：一是勤。竹子的生长，是一节节往上蹿，生长速度惊人，夜晚都不休息，甚至有"一夜成林"的说法。福也是一样，天道酬勤，只有辛勤地劳动，耕耘好自己的福田，才能收获福报。二是节。竹子有节，是节制的意思。福也是如此，当福来到的时候，一定要懂得惜福。要有节制地去享受自己的福报，做到"俭约自守、力戒奢华"。

最后，让我们再回到本章的主题上来，"和平为福"，和平从来都不是等来的，不是从天上掉下来的。和平之世，一定要靠我们用双手去拼搏和奋斗，去争取和呼喊，去联合和斗争。仅仅我们有和平基因还不够，仅仅我们有善良美好的愿望还不行，必须将我们的福文化推广到全世界，去争取更多的认同和呼应，和不同历史、不同文化背景的人们交流沟通、互通互鉴、促进共同发展，共同形成维护和平的强大力量，才能真正实现造福人类，福祚绵长！

第三章　多财为福

——从盐文化说起

一粒小小的洁白晶莹的盐，却辉映出我们中华民族先民几千年来追求和拥有财富的斑斓梦想。盐即是财，多财为富。然而从富到福，中间又不知道要经过多少的考验：善的人因此升华了自己的善，恶的人因此放大了自己的恶，在善与恶的摇摆之间，生命的白驹一闪而逝……

盐文化的起源

“富”，也就是我们今天所说的“财”，多财为富。

“富”，在《说文解字》中的解释为：“备也。一曰厚也。”备，就是所需皆备。厚，就是积蓄之物多，家底厚实。富，单纯从字形上看，一目了然，就是上面一个象征房子的宝盖头，下面是一个酒坛子。酒在古代的时候是非常珍贵的，因为需要很多粮食才能酿造出来，普通人家也只有在逢年过节的时候，才能酿造一些酒来招待宾客。至于达官贵族的家中，平时就储藏有很多的酒，供祭祀之用，自然就称得上是“富”了。后来引申为家中积蓄钱粮足够所需，叫“富”。

富，在古代的时候最初是富、福互训，富、福同源。富，可以理解为“家中有福”，因为下面那一个酒坛子，可以看作是早期的福字。家中有福，第一层含义就是家里粮食多，每个人都可以吃饱肚子，吃饱为福；第二层含义是富贵为福。有了一定的经济实力，升官发财，这在古代也被认为是一种福气。因此福与禄又联系在一起。《诗经·大雅》载：“千禄百福。”《诗经·商颂》主要讲的是福与禄的内容。

既然说到了财富，我们就要追溯一下，先民最早拥有的财富是什么。很多人不知道的是，最早出现的钱，也就是财，并不是货币，而是盐。

盐，在我们今天看来，无疑是司空见惯之物。我们每天都要吃盐，在炒菜的时候，不管是什么菜，最后都要放一点盐。盐的这一特性，叫作“和百味”。我们中国最早使用盐调制出来的烹饪食品，叫作“和羹”。大概在世界上各个民族中，没有人比我们更懂得使用盐和食品搭配的艺术，也没有哪个国家、哪个民族，像我们这样具有连绵不断的盐文化。

“盐”这个字，最早出现的时候写作“卤”，也写作“盬”，而“盬”这个特定称谓还指向一个特定的地方：河东的池盐（位于今天山西省运

公元前 209 年，徐福受秦始皇之命，在今河北盐山千童镇一带招募数千童男、童女、百工、武士，东渡扶桑，后人筑望亲台纪念

城市）。

关于河东盐池，钱穆先生在《中国文化史导论》中有这样的论述："解县附近有著名的解县盐池，成为古代中国中原各部族共同争夺的一个目标。因此，占到盐池的，便表示他有各部族共同领袖之资格。"根据历史记载，为了争夺河东盐池，黄帝分别与蚩尤和炎帝进行了两场大规模的战争，最终取得了胜利，统一了华夏，后来又有"不得河东不得雄"的说法。

盐，是人类生活的必需品，也是上天给人类的恩赐。人类文明都是围绕盐池诞生的。中国也不例外。日本学者宫崎市定指出："中国最古的文明，实兴于河东盐池附近。我想夏、商、周三代的国都大体上都位于消费河东池盐的地区，毫无疑问，盐池就是三代文明的经济基础。中国商业的起源也同盐有关系。"此言不差，如今历史学家和考古学家已经基本得出一致结论：尧都平阳，离盐池为最远约140公里；舜都蒲坂，离盐池约60公里；禹都安邑，离盐池约20公里。

炎黄战蚩尤，中国历史上第一场有据可查的大战争，其核心的原因就是争夺盐池控制权。

河东盐池，位于中条山北麓，面对黄河由北向东的转弯处，东西长约30公里，南北宽3~5公里，面积约130平方公里。属季节性气候带，夏季气温高，多东南风，风速为四季之冠。

盐池的形成，有两大主因：一是造山运动和地壳变化，中条山北麓造成断裂，出现了一个狭长的凹陷地带，逐渐形成湖泊，天长日久，水中的钾盐、石灰石、镁盐、硫酸盐以及食盐慢慢与早期淤积层结合，经过长期自然蒸发作用，盐类沉淀，结成了很厚的矿石层，形成了盐湖。二是夏季从中条山的南面吹来强烈的南风，使得盐水加速蒸发，凝结成盐。

综合历史记载和考古发现，基本可以断定，最早时期控制盐池的盐的生产和开采的，是炎帝。而蚩尤很有可能就是负责盐池生产运输的一位官员。至于黄帝，则是来自另外一个部落，有日本学者推测黄帝是北方的游牧部落。不知道是不是蚩尤在长期负责盐池生产运输过程中，权力的欲望和野心慢慢地膨胀起来，最终率领他东夷部落的首领和士兵们发起了叛乱，想要推翻炎帝，自立为王。因为有充足的食盐供给，东夷士兵一个个人高马大，而炎帝的首领和士兵们缺乏食盐补充，一个个虚弱不堪。炎帝在处于劣势的无奈之下，被迫与黄帝进行了结盟，两大部落联合起来对抗蚩尤，最终在涿鹿经过一场生死大战，击败了蚩尤，并且将蚩尤押解到盐池，将他的身体大卸八块，盐池因此又称“解”，盐名“卤”。后来黄帝又和炎帝进行了一场战争，控制了盐池。

根据文字记载，中华先民最早在盐池采盐的记载，是舜所作的《南风》之歌：

南风之薰兮，可解吾民之愠兮；
南风之时兮，可阜吾民之财兮。

这首歌只有两句，但是在历史上实在太有名了。《礼记·乐记》曰：“昔者舜作五弦之琴以歌《南风》。”《古今乐录》曰：“舜弹五弦之琴，歌《南风》之诗。”《史记·乐书》曰：“舜歌《南风》而天下治，《南风》者，生长之音也。舜乐好之，乐与天地同，意得万国之欢心，故天下治也。”《孔子家语》里也收录了此歌，可以想见作为音乐大家的孔子，曾经不止一次弹琴演唱这首歌曲，感受圣者仁心。

我们仔细解读一下这首诗歌：

和暖的南风阵阵吹来啊，可以解除我的百姓们的忧愁；
守时的南风阵阵吹来啊，可以增加我的百姓们的财富。

南风，对盐来说是非常重要的一个自然条件。夏天南风吹来，带着很高的温度，甚至说赤日炎炎都不过分，盐田中的盐水迅速蒸发，凝结成盐颗粒，甚至有一日成盐的说法，朝取暮生，暮取朝复，取之不竭。盐民们一见到南风吹起，就知道收获的季节来到了，一个个高兴不已。根据地理学上的统计，河东盐池所在地夏季是华北最炎热的地区之一，最高气温可达42.6℃，光照资源也非常丰富，年降水量约为520毫米，蒸发量却高达2300毫米。此外，借助南风，加强蒸发的速度，是河东盐池的一个突出特点。南风穿过中条山谷地，由于狭管效应，风力加强，猛烈地横扫盐池，吹散了晒卤水时产生的水蒸气，使阳光能更有效地照射卤水，卤水持续蒸发，加快了盐晶体析出。这里的南风猛烈到何种程度呢？今天，在盐池湖畔的长寿村（古名蚩尤村）中，民居还是建成坐南朝北的独特格局，以躲避南风。

正因为古人认识到了南风对盐池的重要性，因此舜在简单的歌曲中高度概括了南风的两大特点：一是和暖，二是守时。南风来得猛烈，而且非常守时，每年一到季节，就从中条山的山谷里呼呼地吹来，仿佛是来履行固定的约定一样，一年一度，从不失约。当地人甚至可以准确地判断出南风将至的日期，相差断然不会超过几天。因此，虽然舜顶着烈日，流着汗水，和大家一起辛劳地工作，但是在休息之余，仍然掩不住心中喜悦，拿起自己制作的五弦琴，吟唱出了这首歌曲，完全是内心胸臆的自然抒发。

盐，就是百姓的命脉，就是国家的财富。每天，一池池的盐生产出来，然后一筐筐、一车车从这里运输出去，来到黄河渡口，由来自各个部落的人们，将这些盐长途贩运回去，最后送到千家万户饭桌上。也正因为这种“刚需”，所以谁实际上取得盐池的控制权，老百姓就承认谁是天下共主，因为命根子就在那里呢！

可是这种局面也不是一成不变。大约到了夏代的解体时候，在一个新兴起的商族部落那里，崛起了一位领袖，这个人叫王亥。王亥率领的商族部落，生产力极其发达，而且通过驯服牛，发明了牛车，已经能够跋涉到很远的地方从事物品交换和贸易活动。可是任凭其再怎么发达，还是在盐的问题上被死死地“卡住了脖子”。不解决这个问题，商部落就不可能取代夏而建立一个新的王朝。

最终，一个机会摆在王亥面前：当年蚩尤战败，部下有个叫夙沙氏的，带着一群战败者和生产制盐的技术撤离盐池，来到东面靠近大海的地方，经过漫长的岁月，发明了煮海的方法，从海水里面提炼出盐来。这种海盐虽然比不上池盐精美可口，不过已经可以摆脱池盐的控制。雄心勃勃的王亥立刻将目光盯上了这种海盐，决心吞并夙沙氏后人建立的有易国。结果图谋不成，王亥反而被杀。

这段故事，见于《竹书纪年》记载：帝泄十二年，“殷侯子亥宾于有易，有易杀而放”。杀，就是杀掉了王亥；放，就是放走了王亥的弟弟王恒。王亥其人，在《楚辞·天问》中作“该”或“眩”。王国维先生在《殷卜辞中所见先公王考》一文中说：“卜辞作王亥，正与《山海经》同，又祭王亥，皆以亥曰，则亥乃其正宗，《世本》作核，《古今人表》作垓，皆其通假字。《史记》作振，则因与核或垓二字形近而讹。”可见这个人是确实存在的。但是他为什么到有易国去以及从事贸易行为，却反而被杀，就颇有争论了。有人说他带去了一大批的牛羊，被有易国的国君图财害命；还有人说王亥和有易国的王后发生了恋情，结果被杀。根据我们分析，真正的原因还是在盐上面。王亥是来这里交易盐的，但是更想得到从海水中晒出盐来的方法。这是当时最大的商业秘密，结果有易国的国君发现了他的图谋，于是将他杀害。后来，王亥的儿子上甲微联合了其他部族，以复仇名义攻占了有易国。可想而知，有易国的制盐技术也落入上甲微之手，之后的商部落就正式崛起了。商部落对

百岁剪纸艺术家程春爱作品

河北盐山徐福千童东渡遗址公园的千童东渡馆内景

海盐进行了改良，作为一种昂贵的商品开始在各个部落间交易。最终，进一步强大起来的商族和池盐的拥有者摊牌，一场漫长的争斗过后，中华民族的文明史掀开了新的一页：殷商王朝诞生了！

因为商族人善于贸易，又被称为“商人”，是为中国商人的最早起源。

值得一提的是，经历了灭国之战的有易部落，并没有就此烟消云散。史载，有易部落的一个邻国河伯部落，其首领本来就和有易国的绵臣是朋友，不忍有易部落的子孙灭绝，就保留了其幸存的男女老少，悄悄集合起来，搬到了东南之地的一个苍茫大泽中去居住，而这个民族也改了姓氏，称摇民，或称嬴民，人人都以鸟为名，后来成了秦国人的祖先。

考诸历史，有易国大致就在今天的河北易县一带。因为有易人要煮海盐，其必定临海。所以其盐场在今天的天津滨海一带。有易人灭国之后，也并没有远走高飞，而是躲到了故国东南的大泽里，大致就是今天盐山一带。

盐山，根据《盐山县志》“地名释例”载：“隋开皇十八年（公元598

年），以县境东南近海处有一座山名盐山，以山名改高城县为盐山县。”也就是说，这座盐山很早以前就存在。再联系到今之盐山辖境，西周属齐国麦丘邑，春秋战国时代地处齐燕之交；秦属齐郡柳县（今黄骅市羊二庄）与齐郡厌次县（今山东省惠民县）交界地带，称饶安邑。饶安，就是富饶安定的意思。“其地丰饶，可以安人。”何以富饶？多盐而已！盐山在古代就是名副其实的“财山”！

盐文化的演变

历史上，经历过殷商王朝的数百年岁月，盐文化也得到了很大的丰富和发展。

对商族人来说，他们实在太善于经商了：继盐之后，又发明了酒，并且大大地改进了酿酒技术，将酒打造成了一种从王公贵族到普通人家，一日三餐不可缺少的饮用之物。和盐一样，酒也成了生活必需品。商朝人的饮酒是出了名的，几乎出土的每一件青铜器上，都刻画满了饮酒享乐的故事。末代商纣王更是酒池肉林，挥霍无度。

除了美酒，还有美食。如果说盐在商取代夏的过程中，发挥了两大作用：一是打通了国家命脉，成为与夏对抗的关键；二是进入饮食，成为烹调中不可或缺之物，号称百味之祖。这得益于一个人，“烹调之圣”伊尹。

伊尹是商朝辅国宰相，也是一代名厨，中华烹饪之祖，“伊尹汤液”传颂千年而不衰。

伊尹出生于公元前17世纪初，奴隶出身，从小就继承了家中的烹饪之道，先耕于莘野，后做厨师，从饮食中悟出了一套治国方略。在伊尹的眼里，人世间譬如做菜的厨房，治理大下的君主就应该如同高明的厨师，巧妙地搭配各种食材，放在铜鼎里根据不同大小的火候、不同味道的调料，进行烹调。这个观念一直渗透于中国古代的政治意识，所以自从《尚书·顾命》起，就把做宰相比为“和羹调鼎”，亚圣孟子也衷心地称赞伊尹为“圣之任者”。

根据《吕氏春秋》本味篇记载：伊尹的贤名扬于四方，商部落的成汤听说了，就来求贤。有莘氏不肯答应，成汤就娶了有莘氏的女儿，然后伊尹以陪嫁奴仆身份来到了商族部落。成汤亲自在宗庙点燃苇草，杀牲涂血，告诉祖宗得到了一位贤才。第二天，朝堂之上，伊尹就告诉成汤，天下最美的味道是什么样子的。成汤问伊尹：“可有什么方法来制作吗？”伊尹回答说：“君王的国家太小了，不可能什么都得到；如果得到天下，当了天子就可以了。”他接着说：“说到天下三类动物，水里的味腥，食肉的动物味臊，吃草的动物味膻。无论恶臭还是美味，都是有来由的。味道的根本在于水。甜、酸、苦、辣、咸五味和水、木、火三材都决定了味道。烧煮九次，味道也会随之改变九次，火候很关键。时而火大时而火小，火势可以灭腥去臊除膻，只有这样才能不会丧失掉食物的品质。调和味道离不开甜、酸、苦、辛、咸。具体先放什么，具体用多少，全根据自己的口味来将这些调料调配在一起。至于说锅中的变化，那就更加精妙细微，不是三言两语能表达出来，说得明白的了。若要准确地掌握食物精微的变化规律，还要考虑阴阳转化和四季更变对食物的影响。这样制作出来的食物才能久放而不腐败，煮熟了又不过烂，甘而不过于甜，酸又不太倒牙，咸又不咸得发苦，辣又不辣得浓烈，清淡却不寡薄，肥而不太腻。”这一大篇关于烹饪技巧的解说，虽然是饮食之道，却蕴含了阴阳和五行的道理，而且关键还提到了一个“适度”的哲学概念，也就是“中”。

中，可以理解为盐的根本精神。盐虽然是好东西，人人都不可或缺，可是一日三餐不能吃太多，吃多了对身体有害。配合菜肴，不能放太少，少了淡而无味；也不能放太多，多了就发咸发苦，必须不多不少，恰到好处，适中为好。之所以直到今天西方人还是对中国的烹饪技术摸不着头脑，就在于这个“中”字。中，就是伊尹从烹饪之道中悟出来的最基本的道理，烹饪如此，用之于人事，治国理政，也是如此。

中，根据伊尹所说，有以下几层基本含义。

一是水之性。伊尹显然注意到了水性有地域之分，东西南北中，水性各有不同，有的轻，有的重，有的甜，有的苦，有的涩。不同的食材要用不同的水，有的水蒸煮一次就可以用，有的要反复蒸煮九次。水如此，人也是如此。一方水土养一方人，有的地方的人性子急，性如烈火，有的地方的人性子慢，不温不火。对待不同地方的人，要使用不同的驾驭方法，才能最大限度地发挥人才的特点和特长。

二是火之时。火是根据木材不一样而具有不同的效力，但关键还在于人的使用。是煽风点火还是抽柴撤火，都要掌握好一个时机。这个时机直接决定了食物的生熟程度和味道好坏。早了不熟，晚了焦煳，都不行。做事情也是如此。越是做大事情，越要懂得时机的把握，早了做不成，晚了耽误了。而要正确把握这个时，就需要大智慧和大勇气。

三是势之变。食物在锅中烹饪，看起来只是简单的变化，却牵扯到四时变化。在什么季节烹制什么样的食物，是与天地四时对应的，也是和人身体里的气息变化对应的。好的食物不仅仅是用来饱腹，更是用来调理身体。所以一个高明的厨师，如同一个高明的医者，有着对生命和天地宇宙关系的深刻理解。通过饮食之道来沟通人和天地。对于做事情、成事业就更是如此了。正如孙子兵法所说：为将者，第一要懂的就是天文地理。因为任何微小的变化都会引发一系列连锁反应，所谓见微知著。只有懂得天地宇宙、阴阳五行的变化大道，才能做好小事情。

四是度之适。这个度首先是温度，其次是食物的软硬程度，再次是境界。对基本的厨师来说，将饭菜做熟了，能吃就行了。高明一些的厨师，除了味道，还有颜色和香气，以及造型，调动人的全部感觉器官，做到色香味俱全。但是最高明的厨师，是做到人的心里去，追求的是美的最高境界。美是什么？是无法形容、不言而喻的东西，让人吃之前，不知其美；吃的过程中，层层深入；吃过之后，身心都留下最美好的情感记忆。不管做任何事情，如果懂得了度的把握，则无有不成。即使是治理天下这样看起来无比艰难的事情，也如同老子《道德经》说：“治大国若烹小鲜。”小鲜就是小鱼，“不去肠，不去鳞，不敢挠”，小火慢炖，一个“徐”，一个“慎”，一个“静”，都是治国之道。

总之，伊尹以烹饪之道说了一通治理天下的大道理。如果说后来姜太公对周文王有著名的“渭水对”，韩信对刘邦有“登坛对”，诸葛亮对刘备有“隆中对”，那么伊尹对成汤则可以称得上是“至味对”了。

果然，成汤从其中听出了玄机，立即拜其为宰相，尊之为“阿衡”，伊尹因此得以尽情施展自己的才华，帮助商灭夏建国。汤去世后，他又辅佐外丙、任壬二王。晚年隐居山中采药，曾作《汤液本草》一书传世。

武王伐纣成功，姬周王朝建立之后，有一个人厥功至伟，就是大名鼎鼎的姜子牙。

姜子牙被封的地方是齐国，位于东海之滨的不毛之地。有人说他是以异姓而封侯，主动提出到这么偏僻的地方，是为了避免功高震主，其实姜子牙纯粹出于经济眼光，他看上的是海边的盐。今天的人们受小说《封神演义》的影响，过于神话姜子牙，认为他是一个呼风唤雨、调兵遣将的无所不能神人。其实，姜子牙不管辅佐周文王还是周武王，主要靠的都是自己的经济思想，也就是“王国富民，霸国富士，仅存之国富大夫，亡国之国富仓府”。这也许是对王霸之道最早的诠释：要想以王道治理国家，要旨就在于让老百姓富裕，藏富于民；要想以霸道治理国家，要旨就在于让士的阶层富裕起来；要想勉强保护住国家，就让王公贵

姜子牙像

族占有国家大部分的财富；如果是想要亡国的话，那么很简单，将钱都收入天子的仓库就可以了。正是听从了他的建议，实行王道，周文王、周武王才能最终取得成功。姜子牙的经济思想也在以周代商过程中得到了很好的印证。

史载，在去齐国之前，姜子牙和受封于鲁国的、颇有政治和经济头脑的大人物周公旦，二人之间有了一次非常有名的对话。

《淮南子·齐俗训》中记载如下：

> 昔太公望、周公旦受封而相见，太公问周公曰："何以治鲁？"周公曰："尊尊亲亲。"太公曰："鲁从此弱也。"周公问太公曰："何以治齐？"太公曰："举贤而上功。"周公曰："后世必有劫杀之君。"其后，齐日以大，至于霸，二十四世而田氏代之；鲁日以削，至三十二世而亡。

这是两个治国高手和预言大师之间的一次过招。周公旦封在鲁国，姜子牙封在齐国，两个国家离得非常近，彼此是竞争对手关系。姜子牙问周公说："你打算怎么治理鲁国？"这实际上等于先出了一招，探听周公旦的虚实，周公旦一点都不隐瞒自己的思想，说自己治理鲁国的思想，就是要强调以礼治国，在保持血缘关系纯正的基础上稳定地向前发展。用今天的话来说，鲁国这是准备搞家族企业。姜子牙一听就指出了家族企业的弱点："只用自己家族内部的人，忠诚是没有问题了，可是人才一定会不够用，甚至出现断层的情况，鲁国一定会一天比一天弱小啊。"周公当然也知道自己这种做法的弊端，于是反问姜子牙："那你到齐国之后，准备要怎么治理天下呢？"姜子牙回答说："我要唯才是举，任用贤人，崇尚事功。"周公旦听说他做的事，就说："齐国要飞速地发展壮大起来了，但是以后齐国的祭祀，也恐怕不能保留在姜氏的手上，一定会有叛乱发生。"果然，这两位先贤对对方的预言后来都成了现实。齐国崛起而成为春秋首霸，却发生了"田氏代齐"。鲁国一直稳稳当当地发展，可是国君一代比一代软弱，后来三桓把持朝政，孔子都无可奈何。

再说姜子牙，来到齐国的封地后，仅仅用了五个月，就完成了各项治理工作，然后回到周天子这里述职。周公旦不解地问：“怎么这么快？”

姜子牙回答：“我简化其君臣之礼，顺应原来的风俗去做。”

与此同时，周公旦也在焦急地等着自己的儿子伯禽从鲁国回来述职。可是一直到第三年，伯禽才回来汇报工作。周公旦问儿子：“怎么这么慢？”

伯禽回答说：“我按照您的方法以礼治国，改变当地的风俗，变革当地的礼仪。寻常百姓父母死后也要服丧三年，所以到这时候才来汇报。”

周公旦这个大预言家，又做了预测：“唉，鲁国后世要北面为臣事奉齐国了！政治不简约不平易，百姓就不会亲近；政治平易近民，百姓必然归附。”

作为对姜子牙的了解，周公预言了齐国和鲁国的盛衰强弱，但是他并没有从根本上说明，何以齐国能够采用的做法，而鲁国不能够做到。

而其中的一大关键就是：齐国有盐文化！

聪慧如姜子牙，在来齐国就封的路上一直思考着一个问题：究竟要如何治理齐国？

这个问题他一直没有想出答案，以至于在路上边走边想，在旅店里被一个人认出来，催促他：“莱夷已经在进攻营丘了，要和你争夺齐国。你还在这里慢悠悠地，是想眼睁睁看着齐国落在莱夷人的手里吗？”

姜子牙大惊，星夜奔赴营丘，组织军队，将莱夷人给击退了。然后，他发现莱夷人从夏禹的时候，就在沿海之地建立起了大片的势力范围，水草丰美，可以放牧；兴修水利，可以种植麦类作物；用一筐子一筐子的蚕丝向大禹进贡，种桑养蚕的技术已经非常地纯熟……渔盐、畜牧、制丝，莱夷人甚至还发展出了早期的冶炼技术，能够制造出铜器、铁器，可以说生产技术和经济水平都已经很有发展了。

因此，姜子牙在打败东夷后，采取了“因俗简礼”的四字治国方针。

而也正是这四字方针，奠定了齐国迅速崛起的根基，也丰富发展了盐文化的内涵。

一是因。因，就是顺。这个顺字可不简单。地能顺天，人能顺事。顺就是不改变事物原来的样子，而是顺着其本性，促使事物在原来基础上茁壮成长。地有三个特点：直，方，大。直有正直和公平的意思，但主要取其引申义，就是一个真字。正如王阳明所说，官员审判案子根本不需要去查那么多的法律根据，只要问一下自己的内心，如果我是当事人，从真心出发，如何判断案子的是非曲直？几乎是一瞬间就可以做出判断，哪里有那么多麻烦！真就是将心比心，换位思考。也就是孔子说的："己所不欲，勿施于人。"方就是规矩。没有规矩，不成方圆，但是这个规矩绝不是当政者一拍脑门就制定下来的，而是要了解民情，体贴民意，力争符合所有人的基本利益。大就是广大，宽阔，就是要有大的胸怀、格局、视野和长远的谋划。地之道，"含万物而化光。"化就是转化，唯大能包容，在经过长时间的岁月沉淀后才能转化，这个大实在是太重要了。

所以，别看一个简单的"顺"字，其中包含的学问和智慧实在是太深邃了。

二是俗，俗就是民俗，老百姓习惯的风俗。很多人对"俗"字不以为然，难免有轻视之意。一说起俗人，似乎就是对人的轻蔑和藐视，却不知道，正是在这个俗中，蕴含着巨大的合力。这就好像一滴水，一滴水自然微不足道，可是滴水涓涓，汇成江河；百川东归，汇成大海。一旦成为大海，就有了摧毁一切的力量。谁懂得利用这种力量，谁就能成为强者、王者。姜子牙在辅佐周朝的时候，就是利用老百姓的力量，让几十万的奴隶倒戈一击，最终成为推翻殷商王朝的胜负手。而在纣王的眼中，这些奴隶都是蝼蚁，怎么可能威胁到自己这个巨人呢？

诚然，巨人高高在上，引人注目；可是毕竟是少数的个体；俗人卑微低下，微不足道，可是却数量众多。一旦集合起来，力量大到无法想象。

姜子牙所用的，就是这一个"合"字。合者，在于顺其意，给其利，服其心，最后得其力。而归根到底，就是要以百姓为根本，用今天的话说，就是以人民为中心。一定要记住，人，始终是目的，而不是工具。

三是简，这个简有多种含义，有简单、变易、简化的丰富变化在内。

《易传·系辞传》载："乾以易知，坤以简能。易则易知，简则易从。易知则有亲，易从则有功。"姜子牙显然也是一位深谙《易经》的大师，而且他主要是对坤之道的研究到了出神入化的地步。世人相传他写了一部《阴符经》，其实讲的就是柔性领导力。这种领导力，今天可以理解为母亲性领导力。一位真正的好领导，一定是母亲性的而不是父亲性的，父亲性的领导特点是刚强而独断，缺点是容易脱离群众，一意孤行，母亲性的领导特点是包容而融合，平易近人，能够将大家的意见汇集起来，根据集体的决断来进行决策，将失误的危险降到最低，从而能够确保不发生威胁到群体生存的危机发生。

简单则易从。领导者要想发布的政令让老百姓遵守执行，一定更要简单。简单才好执行。我们常说一句口头禅："事不过三。"对大多数人来说，事情不能超过三条。对于三以内的事情还会集中注意力，超过三条，注意力就分散了，后面的条文越往后注意力就会越随之降低。

变易则趋实。就是要因地制宜，因时而变，顺势而变。一定要结合实际出发，实际是什么样的，就是什么样；不强制干涉，不以自己的意志强加于人，更不能盲目地去改变现实。一定要求真务实，实事求是。

简化则易久。简化就是要做减法，不要一味地做加法。做减法是逆人性的，却是顺天道的。人的欲望是不断膨胀的，永远没有满足的时候。现代人有一个"九十九定律"，当一件事情做到九十九分的时候，大部分的人都会去想，一定要努力做到一百分。但恰恰是这最后的一分，成了事情由成而败的转折，很多事情最后的结果是连五十分都不到了。天道忌满，因此孔子才学会观欹器而悟出"满覆""戒盈"道理。学会主动做减法，就是"存天理而灭人欲"，人的欲望变化不定，喜新厌旧；而天道却始终不变，只有归于天道才能恒久立于不败。

四是礼。这个礼就是"周礼"，就是周公旦所说的那样："尊尊亲亲。"

后来对此孔子也有过阐述。《论语》中记载：齐景公问政于孔子。孔子对曰："君君，臣臣，父父，子子。"齐景公问孔子如何治理国家，孔子自然要答"以礼治国"，不过他说得更加具体一些："做君主的要像君的样子，做臣子的要像臣的样子，做父亲的要像父亲的样子，做儿子的要像儿子的样子。"君主要自尊，这是第一个"尊"，君主自尊而后能赢得臣子的尊敬，这是第二个尊；在一个大家庭里，父亲对待所有的子女都一视同仁，给予一样的爱和照顾，这是第一个亲；因为父亲公正无私，所以赢得了每个人的亲近爱戴，这是第二个"亲"。实质上孔子所说和周公所说的完全一致。

但是，姜子牙不这么看，他认为，"礼"是一种理想状态，是人的一种高级精神需要。而在"礼"的前面，还有着更为基本的现实需要，也是低级需要。这就好像是现代的马斯洛理论了。马斯洛讲人的第一层需要就是生理需求，也就是要有衣服和食物。姜子牙则提出，人的第一层的需要是"富"。这里面有理论上的支持，也有他个人独特的人生经历。要等到物资积蓄到一定的程度以后，然后制定礼节。只有解决了基本的生存问题，人才能够去履行礼节。至于姜子牙个人，对此感触更深。他的故事在《封神演义》中讲得很生动，因为家庭贫困，他被妻子赶着去做生意，结果做什么生意都不成，倒霉透顶。后来他受命大封诸神，各路神仙都得到了封赏，唯独他的妻子没有得到任何封赏。妻子对他非常不满，姜子牙解释说："你嫁到我家，让我穷了一辈子，其实你这个人心不坏，坏就坏在一张嘴上。你看你整天这么唠唠叨叨说个不停，我怎么封你？要封也只能封个穷神。"结果他妻子就被封为了穷神。穷神所到之地，到处怨声载道，老百姓恨都恨死了。妻子没有办法，又来找姜子牙抱怨，说自己没有地方可去，姜子牙说："你除了有福的地方，其他的地方都可以去。"妻子高兴坏了，结果姜子牙让所有人都在门口贴上了一个"福"字，穷神看到"福"字只能绕着走。这就是我们在门上贴"福"字的民间来历。

姜子牙是受过穷的，所以懂得人们对富的渴望更加超过对礼的渴望。要想让人人自觉讲礼、守礼、行礼，就要让所有人先在经济上富起来。

于是，姜子牙大力鼓励当地的人们发展经济，利用齐国境内矿藏、渔盐资源丰富的特点，大力发展冶炼、丝麻、渔盐等行业。还推行最早的开放政策，鼓励齐国和他国互相通商。只要是商人带着货物到齐国来做生意的，一律给予最优惠的政策，创造最好的营商环境。果然，在他的治理下，齐国一片欣欣向荣，从国家到百姓很快都富了起来。

后来，这个理论在管仲的手里又有进一步的发展。《管子·牧民》载：“仓廪实而知礼节，衣食足而知荣辱。”只有百姓的粮仓充足了，丰衣足食，才能顾及礼仪，重视荣誉和耻辱。这一观点在司马迁写的《史记》中，甚至成为《货殖列传》的中心思想，可谓影响深远。

总之，姜子牙用自己的思想和智慧，为齐国的盐文化注入了崭新的内涵“顺、合、简、富”。这四个字真是太厉害了，而且具有强大的可执行性，实践起来简直要多么得民心有多么得民心，作为君主治理国家，变得轻而易举；作为百姓，受到的都是实实在在的恩惠，甚至不需要君主教导太多，百姓就自己去做，而且主动兼顾了国家与个人。

姜子牙之后，齐国又出现了一个商人出身的宰相管仲，延续了姜子牙的经济政策，而且提出了一个更加强制性的政策——官山海，铁和盐两大资源都归国家专属经营，这就是著名的“食盐专营”的起源。

《管子·海王》篇中记载，桓公问于管子曰：“吾欲藉于台雉，何如？”管子对曰：“此毁成也。”

齐桓公这个人很不简单，他和管仲本来是有过节的。管仲最初辅佐的是公子纠，和公子小白争国。为了阻止小白抢夺王位，管仲还射了小白一箭。小白当时就显出了过人的智慧，大叫一声，跌下马来假装死了，其实只是被射中了腰带而已。然后趁着麻痹对手的机会，小白在鲍叔牙的辅佐下先一步登上了王位，成了齐桓公。管仲成了阶下囚，齐桓公要杀他，鲍叔牙却说：“大王要想实现称霸天下的雄心，非用管仲不可。”那么齐桓公能咽下当初差点被一箭射死这口气吗？当然能。他不但接受了管仲，而且封拜管仲为相国，尊称管仲为“仲父”，那是仅次于自己父亲的称呼了，足见齐桓公的志向的确不一般。他是在效仿周文王拜姜子牙，将管仲比作了姜子牙，确有大志。

齐桓公想要通过征收房子的税，来提高国家收入，管仲说："这样不行，人们为了逃避税收，一定会将多余的房子毁掉，这无疑劳民伤财啊。"

齐桓公又问，其他的税是否可征呢？结果都被管仲否定了：林木税、六畜税、人口税、田亩税、户籍税，都是不能征收的。因为征收林木税会引起砍伐，减少森林；征收六畜税会导致牲畜被滥杀；征收人口税会使人离心离德；征收田亩税会减少耕地；征收户籍税会造成百姓逃逸。

在这里，实际上管仲是秉持了自己的一个核心观点，即人都是趋利避害的。后来在《管子》一书中，浓墨重彩地提出了"好利"乃是人之本性。"夫凡人之情，见利莫能勿就，见害莫能勿避；其商人通贾、倍道兼行，夜以继日，千里而不远者，利在前也；他人之入海，海深万仞，就彼逆流，乘危百里，宿夜不出者，利在水也。故利之所在，虽千仞之山，无所不上，深渊之下，无所不入焉，故善者势利之在，而民自美安，不推而往，不引而来，不烦不扰。而民自己此所谓，利之所在，趋之若鹜。所以，治国者只要'执利之在'，对百姓'牵之以利'，就能强国富民振武。"可见管仲对于人性的洞察实在太深刻了。

只不过，齐桓公还不了解管仲的经济思想，听他完全地否定自己，有些生气地问："如果什么税都不收的话，那么寡人的国家还能叫国家吗？"

管仲等的就是他这么一句话，于是立即提出了自己的见解："官山海""正盐策"，就是著名的"盐策"。在今天看来，这完全和伊尹的至味对、太公的渭水对，后世的韩信登坛对、诸葛亮隆中对一样，足以闪耀史册。

管仲说："十口之家十人食盐，百口之家百人食盐。终月，大男食盐五升少半，大女食盐三升少半，吾子食盐二升少半。"盐，是每个人生活的必需品，一天三餐，每顿饭每个人都少不了，如果征收盐税，任何人都是没有办法逃避的。不吃肯定不行，少吃也不行，因为人对食盐的需求量是一定的。那么，将盐收归国有，由国家来统一实行定价和销售，这样利润就可以稳稳地掌握在国家手中了。每升盐提价二钱出售，则国家每月可得六千万钱的税利，相当于上百万人头税两倍的收入。再根据季节，每年的10月到次年1月，由国家来组织人们煮盐，这叫作官煮。这个时间段禁止人们私下里煮盐。这时草木皆枯，燃料充足。然后其他时间由百姓负责煮盐，叫作民煮，由于诸多条件限制，民煮的数量一定不如官煮，再就是所有生产出来的盐，一律交给国家统一销售，高价卖给不生产盐的邻国，换来的重要的生产物资如粮食后，再平价销售给百姓。这样，既在国内“赡贫穷，禄贤能”，又在列国间通过盐的销售获得了经济领导力。

齐桓公听从了管仲的建议，实行“盐策”之后，果然齐国迅速强大了起来。因为有了雄厚的经济基础，齐国也得以在列国间快速地崛起。以盐作为实际上的控制工具，齐国组建了一个以自己为中心的联盟。通过联盟的力量，不断平衡各国间的实力，最终连最大的竞争对手楚国也不得不屈服。齐国在提出“尊王攘夷”的政治主张后，连周天子也对此表示肯定和满意，授予其会盟诸侯的权力。于是，齐国在齐桓公和管仲的治理下，一天比一天强大，九合诸侯，成就春秋首霸。

在这里，我们要仔细分析一下管仲通过“盐策”拓展的盐文化内涵。

一是趋利避害。管仲和姜子牙一样，是在社会底层摸爬滚打过的，而且都是经过商的。管仲和鲍叔牙合伙做生意，鲍叔牙出资本，管仲负责经营。结果每一次挣了钱，利润都被管仲自己拿去了。有人私下里不满，对鲍叔牙说：“管仲这个人靠不住，太自私了。”鲍叔牙回答说：“他这么做有他的道理，因为我的家境好一些，而他需要奉养一家人，尤其是老母亲身体多病，需要他的照顾。”经商这件事，最能看透人性。管仲经过长时间的历练后，对于人性“趋利避害”认识得非常清楚。“利之所在，趋之若鹜。”即使是刀山火海，只要有利可图，就会有人不顾自己的性命去冒险获得利润。这就是人性。

当然，这里只是对人性的根本认识，是没有道德评价的情感因素在内的。毕竟，生命对于我们每个人来说都是最珍贵的，而生命对我们的唯一要求，就是“活着”。要活着，就必须将自己的生存环境最优化，将有利于我的这个生命存在和壮大发展的“利”最大化，这是本能。

既然百姓最关心的是“利”，其实也就是民生，那么对国家当政者来说，就要将民生放在第一位，紧紧抓住民生这个“牛鼻子”，民众就会服从你的管理，民心就会拥护你。

二是以利济义。如果管仲只是会帮助齐桓公聚财、理财，那么管仲也就不会是千古一相，齐国也不可能成就春秋首霸的赫赫功业了。管仲最高明之处，就在于他直接向齐桓公指出了实行盐政后带来的好处——“赡贫穷”“禄贤能”。赡贫穷就是将社会上的老弱病残、鳏寡孤独和残疾人等，通过国家提供的福利给予赡养，让家庭不能自己负担的由国家负担。这可能是最早的社会福利的雏形，也足以证明管仲不是只为自己的一己之私，不是只为了满足齐桓公和自己的私心欲望。“禄贤能”，就是为贤能才智之士提供优厚的俸禄，在朝廷上，任何才智之士，只要提出对国家有用的建议，一律重赏；在战场上，只要英勇杀敌，立下军功的将军和士兵，一律重赏；这

《招财进宝》（吴云之　绘）

样对内政治清明，高薪养廉，不会出现贪污腐败的事情；对外战无不胜，军威显赫，没有谁不会承认齐国的强大。齐国就可以对内取信于民，获得民心的最大拥护；对外仗义四海，为诸侯间主持公道，调停争端，赢得信任尊重。

而这一切，都是建立在齐国“盐专营”的基础上，只有强大的经济作为支撑，才能够经受得住这样的巨大消耗，才能够支持齐国的崛起。

三是天下共利。管仲对于“利”字的理解，从来都不是蝇头小利，而是国家大利，甚至是天下共利。齐国的崛起也不是一味地要称王称霸，而是有着自己的使命担当，那就是“尊王攘夷”。当时周天子的实际地位已经很衰弱了，一方面是南面的楚国崛起，被中原人士视为“南蛮”，一方面是来自北方的游牧部落的崛起，被中原称为“北戎”，这一南一北，南蛮和北戎，对周王室构成了巨大的威胁。正当周王室无力自救的时候，齐国崛起，齐桓公和管仲站了出来，打出了“尊王攘夷”的大旗。齐国一连几次都挫败了楚国，被诸侯推举为当之无愧的诸侯长。然后，齐国又联合诸侯，与戎、狄数次正面作战，泯灭了其豺狐之心。因为这一历史功绩，“尊王攘夷”在历史上的评价一直比较正面。著名的就是孔子的评价：“微管仲，吾其披发左衽矣。”意思是说，如果没有管仲，我们的华夏只怕早就灭亡了，我们都是戎、狄的臣子了！所以不论弟子们怎么质疑管仲的个人道德品质和贪图钱财、个人享受，孔子都对管仲给予了一以贯之的高度评价，称其为“仁”。

管仲之后，他的“盐策”也始终作为国策，被后世的君主们继承下来：

汉昭帝时期朝堂分为两派，就盐、铁、酒专卖的问题进行讨论，史称“盐铁会议”，以桑弘羊为首与60余位贤良展开辩论，最终取消了对铁、酒的专营专卖制度，但仍保留了盐的专营地位。后世学者根据此次会议编著了《盐铁论》一书，成为中国首部专门探讨政治经济的巨著。

盐文化对福文化的丰富与发展

盐文化，博大精深，意味隽永。

正因为盐文化是渗透在我们的生命基因和精神血脉里的，所以我们对盐格外地重视，从一粒粒小小的盐中品尝出来的滋味格外丰富。考证各个地方的祭祀风俗可以发现，很多地方都有将盐献给天地神灵，作为祭祀的珍贵之物的风俗传统。盐和酒一样是先民的劳动和智慧结晶，掺入了先民的生命和精神，借此与天地神灵沟通。

正如酒文化和福文化互相辉映，盐文化也给福文化注入了丰富的内涵：

一是知，“天生曰卤，人生曰盐”。盐池天然产的卤是苦的，只有经过人劳动加工的盐才能食用。同样，引申到人生，人生是要每个人自己用心来体悟的，人生不可代替，只有每个人自己经历过才能知其滋味。盐也是如此。“知味”就是真正懂得了盐，知道了盐的妙用。联系到福文化，就是“知福”。我们常说一句话：“身在福中不知福。”之所以拥有如此明显的福却不自知，就是因为没有“知”的能力。他得到的福都是别人给予的，而不是通过自己的奋斗拼搏得来的。一个人坐拥父母留下的金山银山，或许不觉得多么幸福，可是在沙漠中的旅人，走了许久之后终于找到一汪泉水，那感觉一定很幸福！可见这个“知”，一定是要自己亲身去经历和体悟的，只属于你自己！

二是惜。知味才能惜味，同样知福才能惜福。盐和福都是好东西，可是不能过度。盐放多了菜就是苦味，福太多了就会走向极端，转化为祸。这里面关键在一个度，也在于一个节，尤其这个“节”字，是我们主动调节。将自己多余的福拿出去和别人一起分享，福才不会向祸转变。

三是化。盐来自大海，来自天地的自然恩赐。盐从水而来，遇水而化。盐在任何食物的调配中都不可或缺，然而又都是寂然无形的存在。盐的这种滋养生命的奉献精神和功成不居、与万物无争的淡泊品格，其实就是天道，是最值得我们崇敬和效仿的。福也是如此。“修福无人知”，一个人要修复、造福，都是默默进行的，并不需要大声宣示，也不一定非要让受到帮助的人感激涕零。福，如同春风化雨一样，“润物细无声”，我们每个人，都要仔细地体味这个“化”字。福何以能由一个“福”字而化成千万个福，遍及广大宇宙中无数个空间？福何以能够“逢凶化吉”“遇难成祥”，祸和福会有那么玄妙的转化？这个“转化”就是福的核心和真谛，修福造福，皆在化中。

四是美。盐是美味，盐的存在绝不只是为了满足我们身体的自然需求，盐是生命的必需品，更是生活的佐料，使普通的饭菜变成了美食。盐是我们的生活的诗意和美好，是我们生命和精神的调和与升华。福也是如此。福让我们的生命从自然的生命向着精神的生命无限地提升，让我们每个人的人生不仅变得有意思，而且有意义，让人性更加丰满，神性的一部分也得以苏醒，人性与神性融合，与万物共生共存。

舍与得：现代人的财富观与幸福观

最后，我们再来探讨一下“多财为富”与现代人的财富观、幸福观之联系。

财富，现在是连在一起的一个常用词语，其实财和富是不一样的，富和福又是不一样的。财，左边一个“贝”字，代表贝壳，说明从海中得到的贝壳是最初的货币。如商朝、周朝时期的贝币。后来贝引申为宝贝，珍贵的宝贝就是财。有能力得到珍贵的宝贝，就是有才、有财。将这些宝贝之物得到，储藏在自己的家中，就是富。

因此，富的第一个含义，是“得”，得到，储藏，占有。

值得注意的是，仅仅得到和储藏、得到和占有不是福，因为“富”字上

“舍得”（傅泽楷　书）

面是一个家的形状，下面是一个酒坛子。如果酒储藏在家中，只能用来满足自己个体的欲望。将酒从家里拿出去，贡献给天地神灵，作为祭祀之物使用，在祭祀完毕后和众人一起享用，这叫作“分福”。因此，福和富其实是相对的，更强调的是“舍”。

舍与得，是财、富、福三者之间的流动不息的关系描述，得到为财，储藏是富，能舍为福。希望所有人在此基础上建立起正确的财富观。

至于财富和幸福之间，同样是如此关系。幸福当然要建立在财富的基础上，但是只是一味地占有和积累财富，并不一定意味着幸福。财富如水，必须流动起来；财富必须到社会上去发挥它本身的功能，必须是活的，是有用的，发挥对人们有利的积极的一面，这样才能由福而生利，有了福利就会有福报，源源不断得到福报就会感到幸福。如果再去参照我们中华民族所特有的“义利观”，我们就会理解更深。

衷心地希望所有人能够创造和得到财富，学会使用财富，求福而得福！

第四章　长寿为福

——从齐国方士文化说起

自从传说中居于东海的麻姑将有长生不老之功效的寿桃和灵芝酒献给西王母娘娘，长寿就成为人们最羡慕最值得追求的一件事情。与天地同寿，在无尽的时间和空间里燃烧生命的活力，保持旺盛的精神，如同《庄子》里的那只大鹏鸟，逍遥而游，还有什么样的福比这更大呢？

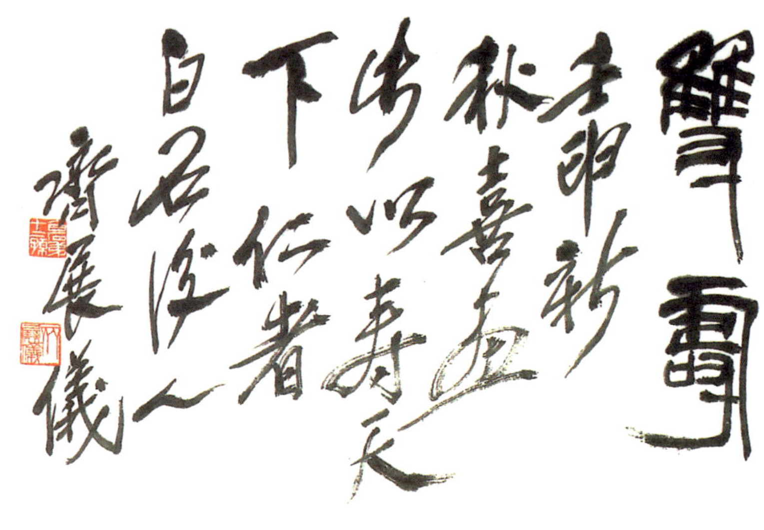

《双寿》（齐展仪　绘）

长寿文化的源头

长寿为福，这个思想在周人那里已经很流行了。《诗经·大雅》中，就有“寿考维祺，以介景福”。《诗经·小雅》等篇中则有“报以介福，万寿无疆”等语句。为什么商代没有将福与长寿联系起来，而周代将福与长寿联系在一起了呢？这跟周人“德配于天”“敬天保民”的思想有关。周代将祭天和祭祖联系在一起，因此非常重视家庭。通过家庭的子孙繁衍，后代香火不绝，实际上就能实现“万寿无疆”的梦想。一个人当然不可能活到一千岁、一万岁，但是只要家族一直繁衍下去，子孙后代祭祀先祖，那么精神生命就等于得到永生，与天地同在了。

长寿的因素有很多，但重要的有两条：一是获佑于天，上天赐给你长寿；二是自己得强身健体，养生全生。这方面代表人物就是历史上的彭祖。

彭祖，是中华历史上有文字记载的“长寿第一人”。在史料典籍中，他的名字叫作“老彭”，自尧帝起，历夏、商两朝，商代时为守藏史，官拜贤大夫，周代时担任柱下史；娶妻49人，生子54个。相传他活了880岁。《列仙传》记载：“彭祖者，殷大夫也，姓篯名铿，帝颛顼之孙、陆终氏之中子，历夏至殷末寿八百余岁。常食桂芝，善导引行气。”《神仙传》形容他：“殷末已七百六十七岁，而不衰老。少好恬静，不恤世务，不营名誉，不饰车服，唯以养生活身为事。”《史记·楚世家》载：“彭祖氏，殷之时尝为侯伯，殷之末世灭彭祖氏。”《史记》还记载了彭祖氏被封国于大彭等地。大彭，就是今天的江苏徐州境内，大彭国也是徐州境内最早建立的国家。

值得注意的是彭祖的出身，他是颛顼帝的玄孙：颛顼在少年时代，是和少昊帝生活在一起的，少昊还曾经制造琴和瑟这两样乐器，传授给颛顼。颛顼在少昊帝去世后，接替少昊而成为新的天下共主，最初建国也是在穷桑，后来才向南迁徙到了今天的河南商丘一带。所以，颛顼其实也是东夷文化的一个集大成者，与少昊有着文化上的渊源和传承。

彭祖养生，说是玄妙，被誉为神仙之术，其实也有其合理的成分，根本之道，不外如下几点：

一是善于烹饪。《楚辞·天问》中记载，彭祖善于食疗。他之所以被封在大彭国，就是因为他用精致的美食盛在鼎里，献给尧帝。尧帝吃了之后大喜，于是赐封了他。据此推断，他其实是尧帝时代的一名宫廷御厨。更有一个离奇的传说：老彭所以能够活800岁，是因为他有一道独门秘技，就是善于烹调野鸡汤。将鲜美的野鸡汤熬好后，进献给天帝。天帝喝了之后，认为天上都没有这等美味，于是赐给老彭800岁的寿数。其实这不过是“献羹尧帝”的一个民间传说版本，是演绎而来。他的“雉羹之道”，在当时就已经闻名于世，雉羹也是我国典籍中记载最早的名馔，被誉为“天下第一羹”。《中国烹饪史略》中称彭祖是“我国第一位著名的职业厨师”，至今被尊为厨行的祖师爷。

二是善于导引，也叫道术。《神仙传》中记载，当时就有君王派人向老彭求道，他说：“吾遗腹而生，三岁而失母，遭犬戎之乱，流离西域，百有余年。加以少枯，失四十九妻，丧五十四子，数遭忧患，和气折伤，荣卫焦枯，恐不度世。所闻浅薄，不足宣传。”他显然不愿意告诉别人自己的导引之道，实际上就是一种气功导引术，追求“导气令和，引体令柔”的境界，是中国最早的健身术。《庄子·刻意》是迄今发现最早最完整记载彭祖以导引行气开我国气功源流的文字资料。庄子以形象的语言描述了彭祖气功健身法。许多出土的浮雕、壁画、画像石刻等历史遗存，也记载了彭祖时代先民习练气功导引术的图像。中华先民将呼吸运动和躯体运动有机结合，通过对天地阴阳转换之理的领悟和吸收，形成了最早的导引功法，对普通大众的祛病延年、强身健体具有很大的功效。

三是精神旺盛。彭祖在其所建立的大彭国，发明了一种独特的歌舞乐器——鼓。鼓，本来在远古时代是行军作战时候使用的，从“彭”字和“鼓”字的相似程度，我们也可以看出，老彭的这一支族人，很有可能在颛顼以及后世的军队里，都是从事击鼓的乐师。在战场上，擂鼓助威；在宫廷上，击鼓助兴。鼓舞从行军到宴乐，有着广泛的用途。对于击鼓而舞的人们来说，需要强健有力的身体，同时还要有极高的艺术天赋，将身体的力量和精神的对美的感受合二为一，充分地表现出来。经过长时间发展，鼓舞就成了一种独特的艺术舞蹈形式。彭氏一族被封到大彭国后，更是以鼓为标志，人人会击鼓，个个能表演鼓舞。在节奏强劲的击鼓表演中，一个个汗水淋漓，精神也跟着飞扬。

可以说，彭祖的长寿之道，跟颛顼对东夷文化的传承一脉相承。长寿、养生、强身、健体，在整个东夷文化的遗存地，也就是齐国，很早就积累了成熟的经验和智慧，长寿成为一种普遍的现象，成为一种文化。

洪福齐天的含义

长寿，在我们先民的理解当中，没有比天地更长寿的，“寿与天齐”就是寿的极致；同样，“洪福齐天”就是福的极致。但是很少有人去认真地探究过这两个词语里面的“齐”究竟有着怎样的深层次含义。

让我们先来看看“齐”这个字的本义。“齐”在《说文解字》中解释为：“齐，禾麦吐穗上平也。”在甲骨文中，就是禾麦吐穗的时候，整齐划一的形象描述，这叫作“齐”。而当我们把关注点投到“麦”字上面的时候，就会发现，在中国，最早种植小麦的便是东夷，尤其是其中的一支莱夷。莱夷的莱字，据说就是小麦的“麦”字的最初形状，最早的麦就叫“来”。根据《周礼》记载，中国在九州中最适合种植小麦的地方就是青州；兖州次之，豫州、并州又次之，其他五州则根本不适宜种植小麦。莱夷人所建立的国家，建都的地方就叫麦丘邑。当时种植小麦的地区，就叫齐地。“齐”字就是描述小麦吐穗的形象，可以说是莱夷的一个专属文字。也就是说，在姜太公到齐来就封国的时候，齐的称谓就已经存在了。

此外，关于齐国的“齐”字来历，还有两种说法。

一是《史记·封禅书》记载：“齐之所以为齐，以天齐也。”有说法是临淄南郊山下有天齐渊，在古代，“齐”通“脐”，也就是天的肚脐。根据《史记》关于封禅的记载，八主，第一主就是天主，又称天神，即主天之神，与地主、兵主、阴主、阳主、日主、月主、四时主并列。天主祠就在天齐渊，秦始皇、汉武帝等帝王都曾到天齐渊祭祀天神等八神。《史记·封禅书》载“始皇东游海上，行礼祠名山大川及八神”，又记“上（汉武帝）遂东巡海上，行礼祠八神”。

《洪福齐天》（吴云之　绘）

二是“齐”字还有一种写法，是三支弓箭的箭头整齐地排列在一起，这又跟东夷人发明弓箭联系在一起。传说中，后羿是东夷人。东夷人在蚩尤的率领下和炎帝、黄帝在涿鹿大战，依靠的正是健壮的身体和出色的弓箭射艺。后来孔子在六艺中专门有一项“射”的科目，其实所继承的也是东夷人的射术。可见，这个“齐”字不管从哪一方面讲，都跟东夷部落有关，也就是齐国的一个专用称谓了。

从这个角度去理解，“洪福齐天”，可以直接理解为福与天齐，是广大无边的福，所以叫作“洪福”，但也可以更深层次地理解为：福其实是东夷文化的一个特殊的文化符号。“夷”在《说文解字》中解释为：“平也。从大从弓。东方之人也。”古代时候东方部族的人身材高大，喜欢背着弓箭。而其最大的特点是《说文解字注》中所说的：“夷俗仁。仁者寿。有君子不死之国。”可见长寿从一开始就是东夷部落的标志。我们知道，孔子的“仁”

的学说就是借鉴和建立在东夷文化的“仁”的基础上，不断地丰富完善，最后发展成儒家思想的核心。仁者寿，寿就是仁者从天地那里得到的最大的福，是天地神灵对仁的奖赏。

所以说，如果离开了“仁”这个主体，单纯地去讲寿，去追求长生，那是不太可能的。这也是“洪福齐天”告诉我们的一个深层次的道理。

福如东海的来历

从古至今，我们在给长辈贺寿的时候，说得最多的一句话就是“福如东海”。

那么，为什么偏偏是福如东海，而不是福如南海、福如北海、福如西海呢？

这暗示福是来自东方的，是海上仙人的赐福。

查阅史料，今天的东海、黄海，乃至于渤海，古时通称东海。东海的范围非常广阔，但对应的陆地上的国家，则主要指齐国和鲁国的沿海一部分，基本上就是古代东夷人的活动区域。

所以，福如东海，实际上指向了一个福文化的发源地——东夷，福在东夷。

这个成语的出处，应该与一个著名的神仙故事有着密切的内在关系：麻姑献寿。

葛洪《神仙传》卷七中有专门记载：“麻姑，建昌人，修道于牟州东南姑余山。三月三日西王母寿辰，麻姑在绛珠河畔以灵芝酿酒，为王母祝寿。”这里的牟州，就是今天的山东省烟台市牟平区，也是古代莱夷文化的一个重要发源地。而且麻姑还有一个特点，《古小说钩沉》载：“神仙麻姑降东阳蔡经家，手爪长四寸。经意曰：‘此女子实好佳手，愿得以搔背。’麻姑大怒。忽见经顿地，两目流血。”这里面的麻姑手如鸟爪，让我们自然而然地想到少昊部落的鸟图腾。这些都明确地点明了麻姑的身份，是东夷部落的远古先祖。

麻姑给王母祝寿，以灵芝酿酒，说明她掌握了延年益寿的神妙之术。而麻姑自己就是一位长寿的神仙，她说自己曾经三次见到沧海变为桑田。这固然说明她与天地同寿，千载万年不老，也点明了她所居之地——沧海。

虽然是一位神仙，但是麻姑献寿的传说在中华大地上实在流传太广，长寿、东海、神仙，这些因素汇集在一起，人们又很容易将“长寿为福”联系在一起，所以，“福如东海”应该就是由这个故事演变而来的吧。

关于“福如东海”，今天我们应该从里面解读出这样几个有益的信息：

一是积善积福。大海不是一天形成的，而是无数的点滴之水，经过了漫长的时间而汇集起来的。涓涓细流，终成江河；百川汇流，奔入大海。我们常说，要积善积德，要从一点一滴地积累开始，慢慢地积攒善报和福报。积福也是这样的一个过程，积小善为大善，积小福为大福。要有长期主义的思想和准备，但行善事，莫问前路。不要做了一点对别人有帮助的小事情，就急着要求得到别人的回报。“路遥知马力，日久见人心。”善还有真善和伪善，需要加以区分；福同样有君子之福和小人之福，有时候小人的一点小恩小惠，反而对你是祸不是福。一定要摒弃功利思想，将目光放长远一点，多多地积攒福粮，福报自现。

二是吃亏是福。大海之所以成为大海，是因为地处天下最低之处。自甘卑下，虚怀若谷，所以能够容纳百川。做人也要懂得谦让，一如郑板桥所言：“吃亏是福。”“满者损之机，亏者盈之渐。损于己则利于彼，外不得人情之平，内得我心之安。继平且安，福即是矣。”这和老子在《道德经》第九章中讲的“持而盈之，不如其已”是一个道理。人生戒满，知止为智。那么如何做到戒满？已经装满了水的杯子，想要守满是非常困难的，还不如不那么贪婪，不主动去装满它。同样，人生戒贪，不要什么东西都想得到和占有，主动让给别人一些，自己吃一点亏，这样反而会得到内心的平和、安定。这种平和安定就是福，内心时时留一点位置，福才能住进来。

《麻姑献寿图》（任萍[1] 绘）

① 任萍，北京齐白石艺术研究会会长。

三是福有尽时。祖先留给我们再多的福荫，也有享尽的时候。如同麻姑所说，三见沧海变桑田。大海尚且有干涸的时候，福报再多，总有享用完毕的时候。因此，每一代人都应该努力去奋斗拼搏，修复积福。这是一个永远积极向上向善、永无休止的进取奉献过程。每一个人的一生都要靠自己去度过，去积攒自己的福粮，去耕耘广大的福田。所积攒和所耕耘，不仅仅为了自己，也是为了他人。有多大的能力，就造多大的福。这样的人生，才是幸福和圆满！

齐人之福的新解

在《孟子》中，讲述了一个“齐人之福”的故事。

齐国有一个人，家里有一妻一妾。丈夫每次出门回来，必定是吃得饱饱的，喝得醉醺醺的。等他回家来，妻子和妾问他，一道吃喝的是些什么人？他得意洋洋地回答，全都是些有钱有势的人。妻子和妾有些疑惑：丈夫出门，总是酒醉肉饱地回来；问他和什么人一道吃喝，据他说来全都是些有钱有势的人，我们却从来没见到什么有钱有势的人物到家里面来过。妻子于是提出，悄悄地看看他到底去些什么地方。

第二天早上起来，妻子便尾随在丈夫后面，结果发现走遍全城，都没有看到一个人和她丈夫说话。最后她丈夫一个人走到东郊的墓地，向祭扫坟墓的人要些剩余的祭品吃；不够，又东张西望地到别处去乞讨。原来，这就是他每天酒足饭饱的秘诀——不过乞讨而已。

妻子回到家里，将情况告诉了妾：“我们的丈夫，我们每天是那么尊敬他，将他当作终身的依靠，可是他竟然是这样的人。”妻妾二人在院子里抱头痛哭，这个人回来了，竟然还不知道她们为什么而哭泣。

故事的最后，孟子语重心长地说：“在君子看来，人们用来求取升官发财的方法，能够不使他们的妻妾引以为耻而共同哭泣的，是很少的啊！”

对于这个故事，不同的人理解不一样。很多人只看到齐人有一妻一妾，羡慕这种“齐人之福”，却不知道孟子的本意，在于说齐国人眼中，一个人只是自己吃饱喝足，所谓的享受口福，并不是真正的福，真正的福是让全家人都吃饱穿暖，有福同享才行！

孟子一生多在齐国活动。对于齐国的文化，孟子是非常了解的。从他讲的“齐人之福”故事，可以猜测原因有二：一是孟子对于以齐国作为发源地和实践主体的福文化，是非常了解的，因此也就比一般人更加懂得，什么是真正的福。二是孟子重在阐述，升官发财是人人都想要的，正如后世流传的五福，“福禄寿喜财”，升官发财正是五福之二，但是要想追求得到这样的福，必须用正当的手法。如果像故事里的齐人一样，那是连自己的家人都会嫌弃的呀！

今天，我们再来看“齐人之福”，其实可以从享福的角度做出新的解释：

一是福不可独享。我们常说“有福同享”，故事里的齐人之所以被妻子和妾埋怨，就是因为他吃独食，一个人享受，全然不顾家人。这不符合齐国人对福的认知。从一开始，福就不是属于某一个人的，而是为家人祈福、为族人祈福、为整个国家和天下祈福。即使个人求得一点福气，那也是福气均沾，让大家都沾光。为什么“福禄寿喜”经常联系在一起？喜是喜气，是吉祥和幸福。当有好事降临的时候，人们就会喜气洋洋，在欢喜和幸福的气氛里融化了一样。福气，会让人们的身心达到最佳和谐状态。

二是福不可尽享。如果福是这么美好的事物，享福是这么美好的感觉，那么是不是最好就一直享福呢？也是不可以的。古人讲“升官发财”，那么升官是什么呢？“做官乃造福之地，而人以为享福之地。”为官一任，造福一方。做官是一种责任，要利用手中的权力为民干事，为民谋福。同样道理，有福之人不能一味只是躲起来享福，而是要借此机会，造福、传福、播福，真正做到福泽一方，利益广大百姓。

三是福得之于正。福当然是好东西，但是通过什么手段得到福很重要。

其秘诀不外乎儒家所讲的四个字“诚意正心”。诚意是向上天表达自己的恭敬和真诚，正心是严肃端正自己的内心，所谓“福生有基，祸生有胎”。你求什么样的福，或者招什么样的祸，从一开始，就在内心里形成了根本的种子。后面的结果不过是顺着这特性去成就而已。“祸福无门，唯人自招。”求福祈福的人一定要懂得避祸，因为祸福是相连的，所以一定要心生警惕，从一开始就避免走歪路。

今天我们大可不必再羡慕什么“齐人之福”，只要端正身心，大道直行，努力去追求君子之福、大人之福，一定会求福得福。

医文化与福文化的关系

前面说过，巫与福差不多是同时起源的。而巫在古代时候有一个重要职能，就是治病。巫师即是医师，能通鬼神、治生死，自然是非常受尊敬的。

在齐国，最早的医者是大名鼎鼎的扁鹊。

司马迁在《史记》中详细记载了神医扁鹊的故事：

扁鹊者，渤海郡郑人也，姓秦氏，名越人。少时为人舍长。舍客长桑君过，扁鹊独奇之，常谨遇之。长桑君亦知扁鹊非常人也。出入十余年，乃呼扁鹊私坐，闲与语曰：“我有禁方，年老，欲传与公，公毋泄。”扁鹊曰：“敬诺。”乃出其怀中药予扁鹊：“饮是以上池之水，三十日当知物矣。”乃悉取其禁方书尽与扁鹊。忽然不见，殆非人也。扁鹊以其言饮药三十日，视见垣一方人。以此视病，尽见五脏症结，特以诊脉为名耳。为医或在齐，或在赵。在赵者名扁鹊。

这段故事，上来就给人以奇异之感。首先扁鹊的出生地在渤海郡，就是今天的山东、河北一带。再根据他的姓氏“秦”，我们可以肯定地说，他是少昊帝的后人。在今天的山东省微山县两城山、嘉祥县宋山两地，曾先后出土八块《扁鹊针灸图》的汉画像石。石上刻着鸟身人面的扁鹊正持针为患者针灸的情形。这应该是在说明扁鹊的东夷人身份。少昊的穷桑国是以鸟来命名官员的，扁鹊就是以鸟命名的。

故事里传授给扁鹊神奇医术的长桑君，看上去是一位神仙，其实应该是一位年老的巫者。有专家指出，他所传授给扁鹊的“禁方”，其实就是禁咒。《素问·五脏别论》记载：“拘于鬼神者，不可与言至德。”《中藏经》中也可见“阳中之阳为高真，阴中之阴为幽鬼”“上通三寸曰阳之神路，下通三寸曰阴之鬼程”等提法。鬼与神之分，即是阴阳之分，也决定了人之生死。人生而在阳，死归于阴。巫者能沟通阴阳，就是能够和鬼神对话，从而明确诊断出一个人的生死。

长桑君将这一套巫术全部传授给扁鹊后，就归隐了，可谓神龙见首不见尾。而扁鹊则成了一名有着正统巫术传承的医生，开始行医。

有一天，赵简子病了，五天不省人事，大夫们都很忧惧，正好扁鹊在赵国行医，名声很大，于是就招来扁鹊给赵简子治病。扁鹊入室诊视病后走出，告诉众人：“他的血脉正常，你们何必惊怪！从前秦穆公曾出现这种情形，昏迷了七天才苏醒。他醒来的当天，告诉公孙支和子舆说：‘我到天帝那里后非常快乐。我之所以去那么长时间，是因为天帝要指教我。天帝告诉我，晋国将要大乱，五代不得安定。之后将有人成为霸主，称霸不久他就会死去。’公孙支把这些话记录下来，后来秦国的史书才记载了此事。后来发生的事情

扁鹊像

也果如所言。现在你们主君的病和他相同，不出三天就会痊愈，痊愈后必定也会说一些话。”众人听了都将信将疑，果然，过了两天半之后，赵简子苏醒了，所说的话简直和扁鹊说的梦中见到神仙一模一样。于是赵简子知道扁鹊是当世神医，就下令赐给了扁鹊四万亩田地。

在这段故事里，扁鹊甚至根本没有给赵简子用药，只是看了他的脉象，就知道了他的病因，而且还用秦穆公的病例作了类比，说明他的确是巫医传承。像这样的故事在以前黄帝、少昊、帝喾、颛顼、尧、舜时代，一定有不少。只有君主身边的巫医，才能知道这些隐秘之事。

接下来，《史记》中又记载了一个扁鹊的真实病例：当扁鹊路经虢国，正碰上虢国的太子死去，扁鹊主动来到虢国王宫门前，问一位喜好医术的中庶子情况。然后说，这是什么什么病，进去一看，果然如此。于是采用针灸之术，一会儿，太子就苏醒了。又准备药熨，加上药剂混合煎煮，交替在两胁下熨敷，很快太子能够坐起来了。进一步调和阴阳，20天后就恢复如初。

经过这一番救治，天下的人都认为扁鹊能使死人复活。扁鹊却说：“我不是能使死人复活啊，这是他应该活下去，我能做的只是促使他恢复健康罢了。”

至于令扁鹊名满天下的，还是人人皆知的扁鹊见齐桓公的故事：

扁鹊来到齐国，齐桓公很隆重地招待了他。扁鹊一看到齐桓公就说：“大王您有小病在皮肤和肌肉之间，不治将会深入体内。”齐桓公听了很生气：“我没有病。”过了五天，扁鹊再去见齐桓公说：“您的病已在血脉里，不治恐怕会深入体内。”齐桓公还是很生气地说：“我没有病。”又过了五天，扁鹊去见齐桓公，对他说：“大王的病已在肠胃间，不治将更深侵入体内。”齐桓公这一次连话都没有说，直接挥手让人把他赶出去。又过了五天，扁鹊来看齐桓公，远远看了一眼扭头就跑。齐桓公连忙派人去追，问他什么缘故。扁鹊说：“大王一开始疾病在皮肉之间，汤剂、药熨的效力就能达到治病的目的；疾病在血脉中，针刺和砭石的效力就能达到治病的目的；疾病在肠胃中，药酒的效力就能达到治病的目的；疾病进入骨髓，就是掌管生命的神也无可奈何。现在大王的疾病已进入骨髓，我也没有办法了。”说完扁鹊就离开了。果然，几天之后齐桓公患了重病，派人去请扁鹊，扁鹊早已知道是这种结果，先行逃离了齐国。于是齐桓公病死了。

至今，中国的医学界还是把扁鹊尊为我国古代医学的祖师，说他是“中国的医圣”“古代医学的奠基者”。范文澜在《中国通史简编》称他是“总结经验的第一人”。就医文化和福文化而言，可以简单概括两点：

第一，人的生命和天地宇宙是紧密联系的，甚至可以说是一体联通的。这个连接的东西看不见摸不着，简单地说就是“气”。扁鹊望的是气，调理的也是气。气通则生机流行，生机通畅则百病不侵。福，我们说了，究其根本，也可以说是一种气，是福气。

第二，中医讲究的是治未病。扁鹊之所以最后不给齐桓公治疗了，就在于那已经是在中医的“六不治”范围内。古代中医的“六不治”包括：一是“骄恣不论于理”不治，齐桓公无疑是一个非常傲慢的人，根本不听扁鹊的话；二是“重财轻身”不治，即不舍得花钱给自己治病的守财奴；三是“衣食不能适”不治，即穿衣不当、暴饮暴食、胡乱糟蹋自己的身体；四是“阴阳并，脏气不定”不治，即阴阳失调，肠胃、内脏、消化系统紊乱，整个人的身体系统都出了问

“登峰造极”印（吴云之　制）

题，治标而不能治本；五是“形羸不能服药”不治，即身体很虚弱，药都吃不下去了；六是“信巫不信医”不治，宁愿相信鬼神也不愿意相信医生，这也是没有办法医治的。“六不治”的规矩从古传到今，蕴含着深刻道理。

对于福来说，也是如此。福也可以归结为“六忌”：

一忌骄傲自大。“谦受益，满招损。”如果一味地狂妄自大，只会自招灾祸，哪里会有福来？

二忌容易生气，胡乱地发脾气，动不动就暴躁。没有祥和平静的心态，如何能够感知到福？只怕福上门也会被赶出去。

三忌贪得无厌，什么都想要，什么都想据为己有。拼命地挣钱攒钱，却又吝啬之极，对能够举手之劳帮助他人的一毛不拔。

四忌不劳而获，不是通过自己的劳动得来的福，这样的福很容易转化为祸。

五忌纷纷扰扰，不能安静下来，不能够控制自己的各种欲望，很容易被外界的事物所吸引，被别人的观点主张牵着走。这样偶尔得到一点小福气，也都是过路的，根本不会长久留下来。

六忌家宅不宁，一天到晚吵吵闹闹，家人之间无法做到一团和气，彼此之间心怀怨恨而不是互相关爱，不懂得感恩和珍惜。这样的人家就是福神到了你家门口，也会绕着走，门窗上到处贴满福字又有什么用？

从福文化到方士文化：由抽象而具象

如果说，在上千年的历史和演化进程中，福文化一直是缥缈玄虚、高高在上，人们只能崇敬和仰望，却难以触摸和找到现实具体的路径可以求得的话，那么到了方士文化这里，福文化就从抽象的概念具象化为现实世界的经验对象。第一次，有了一套完整的思想和理论体系，可以将福从理论引向实践，可以从高高的天上落到地上，可以从不知所名的神灵具体到可以寻找的神仙，而且为福确立了一个更加清晰和明确的核心——德。

“方士”，简单地解释就是方技之士与数术之士。《汉书·艺文志·方技略》载：“方技者，皆生生之具，王官之一守也。”章学诚在《校雠通义》中对这一类文献的解析是：“方技之书，大要有四：静、脉、方、药而已。静闻其道，脉运其术，方致其功，药辨其性；四者备，而方技之事备矣！”可见，“方”主要还是指的中医和中药的范围。术，则是计算。据《汉书·艺文志·数术略》载：“数术者，皆明堂，羲和史卜之职也。”根据李零《中国方术续考》，数术一类可分为五个流派：第一类，天文历算和占星候气。第二类，式法选择和风角五音。大致就是风水学的内容。第三类，龟卜筮占。商代用龟甲或蓍草占卜，测算吉凶。第四类，占梦。就是对梦的解析。第五类，相术。主要根据面貌或其他形象特征预知人的性格和命运未来等。

方士群体最早诞生于齐国，而其代表人物则是邹衍。

邹衍生平，史料无详细记载，但基本可以肯定他是儒学传承，属于子思、孟子这一学派。他的出生地当是邹国，青少年时代来到齐国，在稷下学宫成名，游走于魏国、燕国、赵国等列国之间，声名显于诸侯。《史记·封禅书》云：“邹衍以阴阳、主运显于诸侯。”邹衍的《主运》《终始》之书皆已亡佚，只能从《逸周书·时训解》《淮南子·时则训》《礼记·月令》见其月令之说的大概面貌。据说如今流传的“六月飞霜”典故就来自邹衍，可见他对自然规律的掌握娴熟。

《史记·孟子荀卿列传》中记载了邹衍，将他和孟子、荀子并列，足见其历史地位。邹衍之学“深观阴阳消息，而作怪迂之变。《终始》《大圣》之篇十余万言。其语闳大不经，必先验小物，推而大之，至于无垠。……王公大人初见其术，惧然顾化，其后不能行之”，人称“谈天衍”。

简单来说，邹衍主要有两大学说：一是阴阳五行相生相克变化的“五德始终”学说，二是大九州学说。两大学说都影响当时，流传后世。

“五德始终”学说，邹衍根据阴阳五行的变化，五行相生，讲的是天道；五行相克，讲的是人事与王朝变幻。按照邹衍的说法，历史上每一个王朝，都是五行之一。例如黄帝为土德，上天降下黄色德大螾大蝼，黄帝说：“土气胜。”于是崇尚黄色，根据土德的特点行事。大禹的时候，为木德。因为看到草木在秋冬的季节仍然充满生机，大禹说：“木气胜。”于是崇尚青色，根据木德的特点行事。到了商汤的时候，为金德。上天使得金刃生于水中，商汤说：“金气胜。”于是崇尚白色，根据金德的特点行事。到了周文王的时候，为火德。上天先见火，有赤乌衔着丹书落在周社上，文王说：“火气胜。”于是崇尚红色，根据火德的特点行事。那么，周之后，下一个兴起的王朝自然就是水德，上天必先出现水气胜的特点，崇尚黑色，按照水的特点行事。邹衍的这一套理论，在当时引起的震撼可想而知，各国的君主都想知道，水气胜的征兆显露在何时？如何行水德之事，以便取周而代之？邹衍所到之地，各国君主都亲自迎接。燕昭王更是亲自拿着笤帚，打扫地上的尘土，以避免尘土落到邹衍的衣服上，又特地命人给他建造了碣石宫，自己亲执弟子之礼，每天到那里向邹衍虚心地请教。当然了，我们也都知道，最后成功地实践邹衍这一套学说的是秦始皇帝，他是邹衍的超级粉丝，崇尚黑色，以水德行事，最终以秦代周，统一了天下。

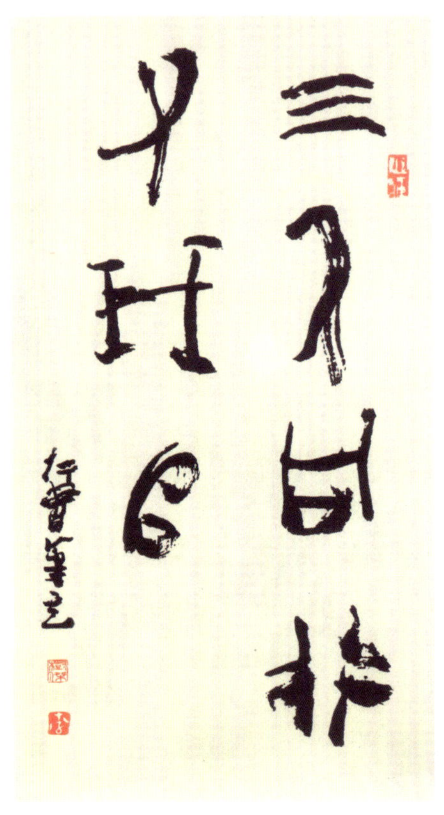

“三人同行有我师”（李树杰　书）

至于邹衍的“大九州”学说，则更是被燕国和齐国的方士群体所采用，争相以此取悦历代的君主，从而掀起一股长达百年之久的“寻仙”风潮。

据《史记·孟子荀卿列传》记载：邹衍“以为儒者所谓中国者，于天下乃八十一分居其一分耳。中国名曰赤县神州。赤县神州内自有九州，禹之序九州是也，不得为州数。中国外如赤县神州者九，乃所谓九州也。于是有裨海环之，人民禽兽莫能相通者，如一区中者，乃为一州。如此者九，乃有大瀛海环其外，天地之际焉”。邹衍学说以阴阳五行为主体，在此基础上，五行与八卦相配，产生了“九”的概念，由小推到大，由近推远，于是推出了大九州说，即中国为天下之中，然后有东南西北“四极”，来对应春夏秋冬“四时”，再排列成为九州。

中国之九州，在大禹的时候已经确定下来，划分完毕，这是小九州；中国之外又有大九州，每一大州各自包含小九州，这实际上都是“九”的概念。邹衍不只是描述这么一个宏大的地理空间，还着重描绘出了一幅自己心目中的中国盛世、天下来归的至治画卷。这是对我国自从三皇五帝以来的“协和万邦”“天下大同”的第一次文学性描述。

《太平经》，一部相传由神人授予方士于吉的东汉道教太平道典籍，成书于东汉中晚期，共一百七十卷。其书内容很有可能是邹衍的遗学，卷九十三中写道：

天下万国之纲，天地人合德之乡也……乃习俗不同……天下人乃俱受天地之性，五行为藏，四时为气，亦合阴阳，以传其类，俱乐生而恶死，悉皆饮食以养其体，好善而恶恶，无有异也……真人宜以其俗语习教其言，随其俗使人自力记之……各自言昭昭，大明而足。其德乃并洽四方，百国皆被其化而为善，天地乃俱安……而万国无害……

这里面讲了一个很重要的概念，就是天、地、人三位一体，俱合于“德”。只不过这个“德”是由真人传授而来，真人就是居住于大海之中仙山上的神仙。经过真人的教化，百国为化，万国无害。

该书对天下大九州的描述，与邹衍一样：“天下共日月，共斗极，一大部乃万二千国，中部八十一域，分为小部，各一国，德优者张地万二千里，其次张地广从万里，其次九千里，其次八千里，其次七千里，其次六千里……（乃至）其次千里，其次五百里，其次百里，此乃平平之国土，德优劣之所张保也……万道合一县，十县合为一郡，十郡合成一州，十州合成一大国，而为一大界……其余若此万二千国乃共一大部……其外界远方不属人国者，于人国有道德，其中善人来；于人国无道德，则不来；于人德劣，则来害人也。”实际上，这里还是讲的“德”的概念：德优者，国家最大；德劣者，国家最小；最后“德”最优的中国，出现了一位大德之君，治国有道，中国大兴，于是四夷宾服，纷纷来降，天下归一。“以此书付归上皇道德之帝王，见天文必思其要意，敕州郡下及四境远方，县邑乡部……其文言帝王来索善人奇文殊异之方，及善策辞、口中诀事……四夷八十一域中，善人贤圣，闻中国有大德之君治如此，莫不乐来降服，皆贡其珍奇异物来，前后成行……所谓毕得天地人及四夷之心，大乐日至，并合为一家，共成一治者也……夷狄闻之，日却自去，中国日以广，不战斗伐而日强也……中国当大兴，八十一域善人当降，来归中国！”

从这些文字里，我们不难看到，这其实还是儒家的思想，是“内圣外王”的政治理想的文学性描述，只不过从中国扩展到了天下，第一次将世界八十一域万国与中国之关系，以一个“德”字作为了根本性串联。

只可惜邹衍的思想，在当时就已经过于玄妙，很多燕国、齐国的方士，也就是知识分子群体无法理解，于是弃其道德，取其玄奇，选取其中关于“真人”的文字，演绎而成了海外仙山上存在着神仙，神仙有长生不老之术，只要求见神仙，就可以赐给仙丹妙药，长生乃至化仙。

这样一来，各国君主在关心如何行水德、王天下之外，又多了一件更为迫切的大事，那就是求长生。王霸之业并非人人可成，求长生却似乎人人可为。只要找到海外仙山的道路，求见仙人，得赐灵丹，则飞升可待。

于是，一大群人靠着贩卖这些求仙之事，找到了新的工作，而且形成了一种新兴起的热门职业：海外求仙。再加上当时这件事情看起来可操作性很强：在最近的渤海、黄海中，有蓬莱、方丈、瀛洲三座仙山，神仙居住其上，经常有人在出海的时候看到他们，甚至在海岸上的百姓也常常看到云雾中的仙山和上面的神人。只是时隐时现，飘忽不定，有时候在云中，有时候在水下，不容易接近，但更增加了吸引力。

后来，也正是在一次次出海中，中国最早的航海家出现了。一大批燕人，如宋毋忌、正伯侨、充尚、羡门、子高，其实都是去海外求仙的第一批航海者。他们勘探出了一条条海上路线，总结出了海洋季风和气候特点，详细画出了一张张海上地图，为后来者进一步探索海洋提供了可能。尽管他们大都葬身海上，被传说成仙，却也激发了后人的好奇。无数的人踏着他们走过的道路，开始了海外求仙之路。

总结说来，方士文化就是在福文化的基础上，以德作为明确的中心和根本的支撑，构架起来的一套思想框架体系。德可以分为以下几个层次：

一是天地之德。“天地之大德曰生”，天和地的道德是互相配合的：天赐予了生命的种子，而地则将这种子养成，天生而地养，这是自然对万物最大的德。犹如父母对我们的养育之恩，是最高的德。对这样的大德大恩，我们唯有崇敬和仰望，唯有顶礼膜拜，唯有心存感恩，唯有用自己的实际

“天人合一”（吴云之 制）

行动去回报，去效仿而利益更多的生命。

根据五行相生相克理论，五德也是流转不定、循环往复的，这实际上是把“祸兮福之所倚，福兮祸之所伏”给演化和更加具体化、实践化了。祸福一体，此消彼长，此乃天道使然；但作为人，可以掌握和催动这个规律变化趋向积极一面的，就是德，是可以主动选择的作为。

二是神仙之德。自古以来，人们求福祈福的对象都是天地神灵，四海八荒，缥缈不知其所名、所踪。到了方士文化这里，将神仙给明确化了，不但指出了神仙所在的三神山的具体位置，而且说明了神仙可以赐给人们的是什么样的福——丹药，只要吃了丹药，立即就能长生，甚至飞升。这就不由得人们不产生对求仙的狂热，毕竟这图像太清晰了。

三是人君之德。就是古代的君主，谁最有德行，他的国家得到的福就最多。在这里，以邹衍为代表的方士，在原来的五行、五福基础上，引入了“九”的概念。中国最早的术数集大成著作就是《易经》。方士们从《易经》中找到了“九”的概念，“九”为阳爻，爻分为六,九五最尊。每一卦中的“九五”或者“六五”都是最为关键的一爻。以“九五”来比喻君主，君主如果是德行最大的，那么天下就都会来归顺。以中国为中心，整个大九州，都会一致归心，天下大同。也因此，对君主来说，最重要的事情就是德政，以德政而实行王化，就会永远得到天地的庇佑，建立千秋万代的和谐秩序。

正是有了方士文化，才有了齐国文化对福文化的继承、实践和升华，有了在此基础之上，齐国的方士代表徐福和天下之主秦始皇帝的从相遇到相知再到相约，有了历史上著名的徐福千童东渡，有了以齐国文化为主体的福文化融入整个中华文化，然后经过徐福千童东渡，有计划、有组织、第一次大规模地向海外传播，从亚洲到世界！这也是方士文化在福文化演变过程中的一大贡献，不可不向读者做特别的提醒。

寿文化与福文化的关系

让我们再回到寿文化上面来，对寿文化与福文化的关系做一番概括总结。

“寿”这个字最早见于西周早期的金文，上部是一个老人的形态表示，下部是一个“畴”字的初文，是弯弯曲曲的田垄形状。在《诗经》中关于“寿”的诗句有很多，例如《周诗》：“俟河之清，人寿几何？兆云询多，职竞作罗。”寿，指长寿，人的寿命很长。从寿的字形上，我们可以得出几点结论：

一是劳动。田野里的田垄耕耘、打理成整齐的形状，意味着劳动。寿与福相通，因此在这里耕耘的不是普通的田地，而是福田。努力耕耘福田的人，自然就会长寿。这是“寿”字的本来意思，应该也是最初造字的出发点。

二是祝福。后来的“寿”字下面加了一个“口”。这个“口”字跟酒联系在一起，我们说过，酒也是福，其实以口喝酒，或者举起酒杯来祝寿，还是祝福的意思。福如流水，源远流长；人寿百岁，安享天年。

三是惜福。寿字在演变中，口的右边并列有一个“寸”字。对于“寸”字的含义，众说纷纭。有人从

《福禄大寿吉祥图》（李树杰　书）

中医理论，解释为脉关节一寸为命脉。也有人从字义上讲，“寸”为老年以后生命的长度不多，是以寸来衡量的。而我们认为，最为合理的解释还是要跟福联系在一起。“寸”就是要积福、惜福。长寿得来不易，人生进入古稀之年、耄耋之年，尤其要懂得惜福。哪怕只是寸福寸报，也要感谢上天。同时人上了年纪，不能再做大的事业和贡献了，但仍然不可以放弃积德行善，哪怕只是为子孙积累一寸福报，也是作为长者的贡献，是对后代子孙的福荫。

四是陪伴。寿有时候又和“俦”联系在一起。一个人如何做到长寿？人要在人群中生活。如果离群索居，很容易因为孤独和寂寞而生病。只有在人群中，和三五知心好友沟通交流，诉说心声，才能心情愉悦。这一点尤其要引起我们现代人的注意。现代社会少有四世同堂的大家庭，居住在四合院、大杂院里的也不多。人们多住在高楼大厦上，彼此隔离，甚至与邻居“老死不相往来”，人与人之间的距离变得遥远，人情变得冷漠。这样如何能够长寿呢？随着科学技术的发展和社会的不断进步，人类平均寿命较之古人的确延长了很多，但人是有情感的，不是机器。如果借助机器获得所谓的“长生”，还叫长寿吗？

长寿为福，愿每个人都健康平安，尽情享受生命的欢愉和精神的平和，直到永远！

第五章　厚德为福

——从“富而好德”商业文化说起

当每一个黑夜过去，初升的旭日从海平线上磅礴跃起，当第一缕洁净而温暖的阳光照进心田，每个人都会感受到被抚慰、被关爱的幸福，那就是宇宙母亲对生命的爱；每个人内心都会涌出一股光明的、充盈的情感，想要去做点什么利益世界、帮助他人的事情，这就是人性中的善。爱与善，是永恒的生命之光，精神之火，是人之为人的存在理由……

“德”字的丰富文化内涵

“德”这个字不见于殷墟出土的甲骨文，说明其在殷商的时代还没有出现。金文中，“德”字出现得比较多，而且基本上已经定型，就是左边一条象征道路的“彳”，右边一只眼睛，上面有一条直线或者小十字，下面一个“心”字，也有的加一条横，基本上就是我们现在看到的样子。

“德”在《说文解字》中解释为：“升也。”段玉裁《说文解字注》：“升也，当作登。”《公羊传》：“公曷为远而观鱼，登来之也。登读言得，得来之者，齐人语。齐人名求得为得来。”关于“德”字，今有如下阐释。

一是从金文的字形上会意，眼睛直视前方的道路，意为正道直行，心底坦荡。一个人只要坚持正道，勇往直前，境界就会因为善行而不断升华。《康熙字典》中对此解释为：“凡言德者，善美、正大、光明，纯懿之称也。”一个人的德行，因善行而美好，因为不断行走在正道上而事业不断扩大，他的德行不但让自己受益，也让周围的人和物生出光辉。

程春爱作品

二是从字形的组成上去理解。“德”字左边是“彳”，表示小步行走，象征人的大腿、胫骨和脚连接在一起，一步一步地向上攀登。右边则是“十”“目”“一”“心”组成，就是很多人的眼睛都看着你，所有人的心都和你连在一起，成为一个整体。这让我们想到“天下归心”，意思是如果君主的道德到了一定境界，不但全天下的人都能看到，而且心悦诚服，主动自愿前来追随。

三是德与得、登、升、陟等联系在一起，不仅仅是字音上相通，而且更在于它们都有“登高”的基本含义，至于“登高”是什么，就是为了祭祀。例如《诗经·大雅》中有：“陟其高山。”《毛传》注：“高山，四岳也。”可见登上高山就是为了祭祀，《礼记》中也多次讲到“升”，都是祭祀专用的名词。可见，德是与祭祀的行为联系在一起的。

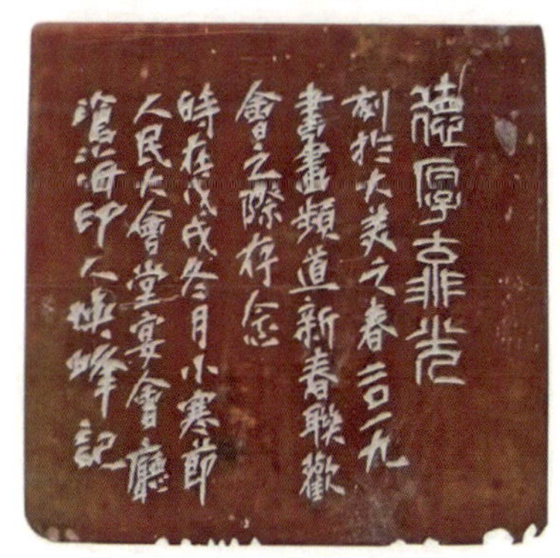

“德厚流光”印（韩焕峰　制）

这样，我们就可以理解，为什么孔子说“为政以德”了。这个“德”，不是执政者勤苦修炼自己的德行就可以了，而是要“譬如北辰，居其所而众星拱之”。在君主的头顶上，是有上天的，是有满天繁星的，犹如一只只明亮的眼睛，时时刻刻在向下注视着。因此，君主不能有任何私心，只能以天地之心为心。《易经》载：“天地之大德曰生。”天地赋予万物以生命，对生命充满了爱护。因此，君主也必须将天下百姓的生命放在第一位，也就是关注民生，以百姓为本。只有将全身心都放在百姓的疾苦上，百姓才能归心，上天也才会对君主的行为感到满意，从而降下吉祥，整个天下都得到福祉。

四是还有人指出，金文中“德”字的形象，其实左边是一根木桩，阳光直射在木桩上，右边的一只眼睛直视着木桩，下面是一颗心，是指本心，本性，也是指自然。这让我们想到“中”。“中”的字形，在古代就是测太阳的圭表的形象。表是直立的标杆，圭是平放在地上的刻板。一个人在旁边直视着阳光通过标杆投射在刻板上的影子，以确定节令、历法。这在古代以农耕为主的社会，是关系到天下万民的大事情。

五是根据右边的“直”来理解。例如郭沫若就不认同许慎《说文解字》中的解释，而直接从甲骨文中找出了“值”字，认为这才是“德”字的原型。那么，“直”字又有什么含义呢？我们想一想“植”就明白了，是种子发芽、向上生长的意思。所以，德就是生，使得万物生长的意思，体现的是对生命的关怀，是把生命创造出来并加以哺育，促其完成。

这样我们就很好理解一些文字了。例如《庄子·天地》中说：“物得以生，谓之德。”《韩非子·解老》中说：“德也者，人之所以建生也。”

因此，德最初的含义，应该就是一个人手持着农具在耕地，使得种子能够发芽生长，这就是德；专心一志地从事农耕，生产粮食，养育生命。这样，德就具备了以下的普遍含义。

一是创生。天地宇宙，最大的德就是创造生命。我们人类生活的地球，水、阳光、空气都不是随意地简单组合而成的，而是经过宇宙漫长的演化，是很多种机缘巧合在一起，也可以说是造物主的完美设计。我们今天的科学手段，还没有发现太阳系中其他星球上的生命，所以我们对人类自身的生命就会更加珍惜，这的确是造物独一无二的恩赐。

二是民生。百姓是组成社会、国家的根本，对执政者来说，最重要的事情就是爱护百姓。要始终把民生放在第一位，只有真正以民为本，以百姓之心为心，才能够得到百姓由衷地拥护，也才能得到上天的庇护。

三是生命。这个生命不仅仅是指自然生命，更是指精神生命。人之所以是与万物共生，和普通的动物不同，就在于人除了自然生命，还会生发出精神生命。这个精神生命的种子，是上天赐给我们的。孔子说：“天生德于予。”德是上天赐给我们的精神生命种子。每个人都要通过自己的努力，悉心修炼，浇灌、呵护这颗种子发芽成长。

通过上述对德的分析，我们可以得出以下结论：

第一，德是我们祖先“天人合一”思想的产物，是对“天人合一”形象化的描述。

我们知道，姬周取代殷商，一个最大的变化，就是从原来的敬鬼神变成了敬天爱人。用敬天地和祖先的方式取代了鬼神，从而确立了天、地、人三位一体，天在上、人居中、地在下的模式。这在《周易》中表现得尤其明显。人的生命主体地位第一次得到了正式确立，法天效地，将天地自然的创生德行，转化为人的内在道德和外在善行，推之天下。

第二，人是道德实践的主体。天和地的大德是创生，人的大德则是创善。之所以将德解释为“升”，就是因为人不断地通过见善、明善、行善、成善，来提高自己的德行。这是作为一个觉悟的、成长的人的终极使命，也是我们生而为人的根本意义。有人说人生本无意义，其实怎么会没有意义呢？积善成德，止于至善，而明明德，就是我们人生的意义。要让道德的光辉像阳光一样，普照天下，德泽万物。

第三，德是我们在这个现实世界中安身立命的靠山和基石。所谓“有德者得”“失德者失”，人生不外乎得与失，最难把握的也是得与失。人生最痛苦之事，莫过于想得到的得不到，不想失去的却失去了。那么如何避免这种情形呢？就是要勤修道德，提升境界。

“生命的信息”（李树杰　绘）

这实际上也让我们想到德与福之间关系：德的最神奇之处是什么？就是能够“化”。那么，“化”如何理解？大地具有以下根本特性：一是包容，二是柔顺，三是广阔，四是处静，五是通达，六是包含着一个隐藏特性，就是光明。这个光明的特性，就是化。如何化？例如，地下的枯枝败叶最终成为种子的养分；古代海洋或湖泊中的生物经过漫长的演化，变成了今天的石油，是推动人类社会和文明进步的新的驱动力。

第四，德还有一个特性，就是“美”。德就是美，在这个字没有造出来的时候，我们看到的都是日月星辰、山川万物的自然之美。可是，当我们有了德，就看到了人的生命之美和精神之美，看到大自然因为人类之美而多了一种不同的美，一种更加宏大和深沉的美。

一个人只有真正达到美德的极致，一生才堪称圆满。因为有了这样的人存在，世界才变得更美好！

“德”的起源假说：最早的太阳崇拜

在众多的关于德的解释中，我们认为还有一种被忽略的阐释：德很有可能反映的是一种早期的太阳崇拜，是东夷文化的特色产物。

“德”字如果从字形上讲，左边是从人从众之意，右边上面的“小十字”，象征太阳光。这个在“乾”字上面可以找到依据。“乾”字左边上面和下面的“十”字，都是太阳光的意思。德右边中间的眼睛，是众人用眼睛注视着早晨初升的太阳的意思。而下面的“一心”，就是所有人在注视太阳的时候，都会感受到太阳温暖的同时，内心油然而生一种感恩之情。这种情感是共同的、一致的，是古代人们对太阳的最高崇拜。

万物生长靠太阳。人们对太阳的恩德早有认识。我们祖先最早的太阳崇拜出现在东夷部落。请注意这里又是东夷部落，而且少昊的“昊”字非常明确，指的就是天上太阳，可以看作是东夷古老的太阳文化的遗存。史料中也记载东夷是太阳文化的起源地。

《山海经》中记载：“东南海之外，甘水之间，有羲和之国，有女子名曰羲和，方日浴于甘渊。羲和者，帝俊之妻，生十日。”羲和，是最早的太阳神之母。她是一名女子，反映了东夷部落当时还处于母系氏族社会时期。羲和部落的遗址，据说就在今天山东日照的天台山一带。

在山东沿海，人们从古老的时期产生太阳崇拜是自然而然的事情。而且在当时人们非常喜欢做一件事情，就是观日出。不管是在泰山，还是在蒙山，以及在崂山，烟台、蓬莱一带的高山，只要登上高处，就可以在苍茫的山巅看那云雾缥缈的大海上，太阳从海平面上冉冉升起。这种观日出的传统从古代一直持续到今天，人们依然乐此不疲。

而在古代，人们对于太阳从海上升起是无法解释的，于是产生了“太阳神鸟”的组合联想。

据专家考证，“太阳神鸟”图案表现的就是《山海经》中“金乌负日”这一中国古代神话传说。

传说中，羲和及十个儿子都居住在东方汤谷的一棵巨大的扶桑树上，太阳被金乌背负着，一只返回后另一只又接着出去，每天轮流从东方的扶桑飞向西方的若木。就这样周而复始，白天和黑夜也不停地交替。

这样，东夷部落就将自己的两大图腾——太阳、鸟，神奇地合而为一了。

如果说“太阳神鸟”的图案还有些抽象，那么这棵大桑树似乎在三星堆出土的青铜神树中找到了对应。

在这棵青铜神树上栖息着九只鸟，再联想到金沙遗址出土的青铜立人，头上戴着太阳帽，俨如光明的使者或太阳神的化身出现在祭祀活动中；可以想象我们的先民对于太阳、鸟的崇拜是如何深入到生活中的。

每天东升西落、周而复始的太阳，给了先民多少想象，滋润着万物生长，哺育了多少的生命。尤其在冬天来临的时候，万物都要依靠太阳的温度，才能够熬过漫长而严寒的冬天；而一当春天来临，“阳春布德泽，万物生光辉”，似乎太阳有一种特殊的力量，可以令万物复苏，欢快地、自由地生长。同样太阳又是那样一位暴躁的君主，一旦生气了，天上就会出现十个太阳，随即带来连续几年的大旱，使得江河干涸，土地涸裂，草木枯死，庄稼不收。于是人们又会咒骂太阳，产生了诸如“夸父追日”“后羿射日”这样的神话传说。

在许慎的《说文解字》对“德”的解释中，清代段玉裁加注，特别提到了“齐人”，齐人就是齐国人，“德”在齐国人的口中读音是不一样的，是“得来”。这一读音至今仍然在胶东半岛一带流传着，口音未改。这也透露了一个非常重要的信息：为什么特别强调齐人对这个字的读音，因为齐人是东夷文化的传承者，德很有可能是东夷文化的早期发明之一。

齐白石制印边款

这样，我们就更有理由猜想，德是与太阳文化、太阳崇拜联系在一起了。

我们可以想象：古老的东夷先民，一次次登高到山顶上，眺望大海，一次次看到太阳从海平面上喷薄而出。对于太阳充满了崇敬。而太阳在寒冷的冬天给人们带来温暖，在春天则为万物生长提供热量。先民们出于对太阳神的崇敬，而一代代形成了固定的祭祀太阳的仪式。“德”这个字就是最早的祭祀仪式的记载，是形象化的描述。一群人在每年固定的季节登上高处，在山顶的平坦之地，一起注视太阳升起，心中生出无限的敬畏和感激，口中喊着太阳神的名字，反复行礼……

这样，我们会发现，将太阳与德联

系在一起，“德”字的含义又丰富了许多。

一是温暖。德是温暖，是我们对太阳的最直观感受。引申到人来说，一个人是否有道德，在于其能不能让周围的人感觉到温暖。如果和你在一起，如沐春风，整个人从内心里感觉到暖洋洋的，这个人就有道德。反之，一个人如果假装有道德，却是冷冰冰的，那他的道德一定是虚伪的。

二是光明。太阳光给这个世界带来的是光明，是希望。我们都有这样的体会，当一个人置身黑夜或黑暗中的时候，很容易产生负面情绪，整个人的能量会少很多，容易消沉，胡思乱想；而当太阳升起，置身光明中，就会觉得精神活泼起来，整个人也会趋于更多正面。这说明人人生而具有向往光明的本性，光明和圆满也正是我们自性。

三是持久。太阳从亿万年以来，始终是这么运行的。东升西落，恒久不变。《周易》载：“天行健，君子以自强不息。”这个健，就是对太阳最好的描述。唯健能久，唯健能大。君子效仿太阳，修炼自己的德行。而这种德行是不会随着我们的自然生命消逝而消失的。我们常说积德，德是可以永远存在，庇护我们的儿孙的。

四是公正。太阳光是这个世界上最公正的，也是人人可得的免费资源。太阳没有任何的偏爱，对待所有人都一视同仁，给予一样的温暖和照耀。我们修炼道德，也要秉持一颗大公无私的心，为整个人类谋幸福。

五是洁净。太阳光是最洁净的，不像水还容易受到污染，太阳光不会受到任何的污染，始终保持光明、洁净的本性，我们的道德也是如此。一旦精神生命孕育出来了，就会一尘不染，始终卓然独立于俗世之外。这样的一种超脱、超然、超越，正是我们人类生命的高贵之处。

好德：知之甚易、行却最难

以上关于“德”字的内涵，我们说了这么多，大家一定会有一个认识：攸好德，就是所好者德，的确是我们人生最应该做的一件事情，也是为了圆满我们这个得自天地宇宙、又从精神深处创造出来的生命，最值得用一生去实践、交出一份属于自己漂亮答卷的考题。然而，说来容易做来难，真正将好德作为自己的一生追求、全力以赴去践行的又有几人呢？

孔子曰：“吾未见好德如好色者也。”根据考证，这是孔子周游列国，受到卫灵公接见时说的一句话。卫灵公号称求贤若渴，招揽天下贤士。可是像孔子这样的大贤来到的时候，卫灵公和漂亮的夫人南子一道坐着车在前面招摇过市，而让孔子坐在后面一辆车子上跟着。这是真正的求贤若渴吗？这是对待像孔子这样的圣人的态度吗？所以孔子才气愤地说出那么一句话：“我没有见过所谓的尊重道德之士，有像这样好色的人啊！”虽然只是有感而发，但也是有普遍所指的。

的确，道德之事，人人都知道是好事情；但是道德毕竟是精神层次的，是高级需求；而对普通大众来说，身体的自然欲望需求满足才是第一位的。作为饮食男女，我们都有着天然的本能：穿要穿好的衣服，吃要吃精美的食物，住要住漂亮的房子，出行要有华丽的车子。即使过了几千年，我们作为人的基本的欲望渴求还是没有改变。很多人受官能驱动，也是人之常情。毕竟一个人没有七情六欲，就不能称为正常的人了。

可是，我们作为人，又是和动物不一样的。我们能反思自己的欲望：我们真的需要这么多物质的欲求吗？吃饭只要吃得饱，提供基本的生命所需就可以，一定要吃胡吃海塞，浪费粮食吗？我们住只要有容身之地就可以了，一床一桌，安身即可，一定要住装饰精美的豪华宅子吗？我们穿衣服，能做到整齐洁净就可以了，一定要穿绫罗绸缎，戴金银首饰，令人炫目吗？这些都不是必需的。相反，道德却是我们的必需品。也就是说，我们每个人都必须修炼形成自己的精神生命，完成真正作为一个“人”的存在，不辜负我们作为天地创生的一分子，去肩负起自己的天命。

也许有人会说，没有衣食住行，我们活不下去，可是没有道德，我们一样可以活着。也有人会说，我自己修养道德，而其他人不修养道德，那么我不是成为另类了吗？别人可以做不道德的事情，而我因为自身的限制，不能去做不道德的事情，从而让别人获利，那我不是吃亏了吗？对普通人来说，有这种想法完全可以理解，但如果对有智慧的人来说，则会发展出另外的一种看法，也就是我们常说的“吃亏是福”。

为什么说吃亏是福？因为福虽然是天地赐给我们的无限资源，却并非人人可得。福是要通过我们自身努力修养才能获得的。如果我们肯于吃亏，主动吃亏，为了提高自己的道德修养，不惜将功名利禄等别人看重的世俗之利益让给大多数人，我们就会成为能够承受起福祉和珍惜福报的少数人。

只有真正用一生来追求精神生命、从事道德修炼的人，才会知道，坚定这样的追求，坚持这样的行为，是一件多么困难的事情！孔子无疑是有大德、至德的人，他弟子三千,一生诲人不倦，就是想培养一批道德君子，和自己一道，去用言传身教感动世人，改变这个世界。

可是，在孔子门下，真正称得上有德的有多少人呢？只有一人而已，就是颜回。颜回是孔子认定的接班人，可惜不幸早亡，令孔子捶胸顿足，呼喊“天丧予”，因为再没有自己和颜回这样好德的人了！

像孔子尚且在列国游走不被理解，遭受到各国君主的冷淡、大臣的阻拦陷害、隐士的嘲讽，被称为“惶惶如丧家之犬”，不如孔子的人要坚持自己的道德追求，一生要经历怎样的风雨磨砺、艰辛困苦可想而知。

古人用井和井水的特性来比喻君子之德。开始是井底下生了泥，被泥土覆盖，这时候的井是荒废的状态，没有水，连禽兽也无法来饮用。这是讲我们在没有修养道德之前的状态：我们只有自然的生命，而没有精神生命，和混沌未开的禽兽动物没有什么两样。接下来是从井壁上渗出了水，滴落到井底，一点一滴聚集，开始生出了小鱼，但是绳索是断的，水桶是漏的，所以还是无法使用。虽然无法使用，但是毕竟有了绳索和水桶，说明我们产生了要修养道德的意识，只是工具还没有准备好。然后，井底下的淤泥挖上来了，井壁重新修筑过了，清澈的井水开始涌出来了。可是这时候还是没有人来饮用，这让我的心中充满了忧伤。这是贤者自喻，经过一段时间的道德修炼，具备了足够的才华，在自己的内心产生了“明德”，可是却不为人知，得不到明君的赏识和重用。另一方面，也说明这时候的德，还不足以惠及他人。接下来，君子不为所动，也没有时间自怨自艾，而是继续专心地修缮、整理井壁，完善自己的道德，坚信一定会有可以使用的一天，有施展才华的一天，但是不能贸然地强求。这时候是要效仿水一样静。如诸葛亮所说：“非淡泊无以明志，非宁静无以致远。”静，才能更好地看透天下时势，世道人心。毕竟道德智慧如果用在正确的人身上，就会发生正面作用；用在错误的人身上，就会被别有用心的小人利用，产生负面的作用。有一个历史典故“周公恐惧流言日，王莽谦恭未篡时”，周公那样的大德大能之士，因为被诬陷，所以只能自我流放；王莽当时是首屈一指的道德君子，最后被证明一切都是装出来的，谦和恭都只是表面文章。

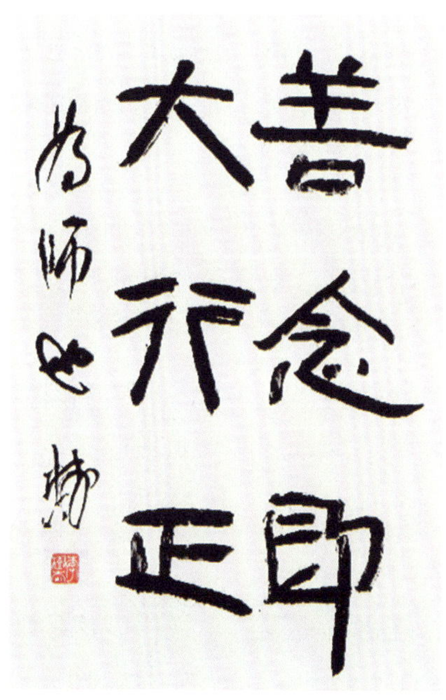

“善念即大　行正为师也”（李树杰　书）

终于，经过锲而不舍的坚持和持续不断的努力，井水甘甜，可以供所有的人饮用了。而且这里还有一个特殊的比喻：如寒泉之水。寒泉就是纯净，没有一丝一毫的杂质。这是说，君子的德行已经修炼纯熟、圆满了，而且没有一点点的私欲，纯粹是为了让别人得益，是全然的利他之心。道德不是用来自夸，炫耀，而是用来真正地滋润生命，利益天下。

最后，则是井口一直敞开着，永远不加盖子，供所有人随时饮用。这样井道就完成了，一口井修炼出了自己的井道，君子修养完成了道德。

井之道，也就是君子修炼德之道，关键在于三个坚持：

一是不改变。不因外在环境的变化而变化。城镇可以改变位置，但是井的位置不动，永远都在那里，象征德行不变。一个人在一生中不管到什么地方，经历什么事情，德行是永恒存在的。

二是不动心。没有什么可以失去的，也没有什么可以得到的。德行本来就是圆满的，不需要增之一分、也不会减之一分。孔子曰："人不知而不愠，不亦君子乎？"修炼德行，本来就不是给别人看的，别人不了解自己，并不能改变我们的修炼实践。

三是用有道。修炼德行的目的是用，因为德最后一定是要用在现实的生活中的，是要发挥正面和积极作用的，推动建设一个更加美好的社会。儒家之所以积极入世，就是要"用世"，影响和改变世界。但是"用世"是有一定规则的，最基本的规则就是"时"和"义"。如同《礼记》载："非时不见""非义不和"。孔子年轻时就以德行著称，季氏的管家阳虎想要拉拢他，给他送礼，他趁着阳虎不在家中，将礼物给还了回去。在卫国，大臣王孙贾想要孔子巴结他作为推荐的条件，孔子也是断然拒绝了。

四是道可亲。井水是供所有人饮用的，人人喝了之后都觉得甘甜可口。这是道德的本质，所有人都会对道德生出自然而然的亲近感。可见，讲道德之事，不能够高高在上，也不能故弄玄虚，而是要平易近人。

由井之譬喻，我们会自然而然地想到福。修德和求福是一样的，都需要坚持自身的道德修养，坚持纯正的信念，自净而净天下，德行守恒，不增不减。想要利益天下百姓，先要有方法，结绳索，修水桶，筑水壁，坚持不懈，一旦井道得成，就像井口的开放一样永远敞开自己，提供源源不断的清凉甘泉，以德和美、真和善，永无止境地去服务、奉献大众。

富而好德：从理论到实践示范

好德之难，除了我们生而为人、具有强烈的欲望本能之外，还有一个现实条件的限制，那就是经济基础。毕竟，没有经济生存能力的基本满足，一个人再修炼道德，也只是满足自己的精神需求而已；要想做到“明明德”于天下，甚至想要实行孔子那样的大志，非做到先富不可。

“富而好德”，这是司马迁在《史记·货殖列传》中重点强调的一个思想。

> 故曰：“仓廪实而知礼节，衣食足而知荣辱。”礼生于有而废于无。故君子富，好行其德；小人富，以适其力。渊深而鱼生之，山深而兽往之，人富而仁义附焉。

司马迁引用了一句《管子·牧民》中的名言，以示对管仲之认同。只有仓库先充实了，物质基础夯实了，老百姓才能懂得礼节；衣食丰富了，温饱问题解决了，老百姓才顾得上知道荣耀与耻辱。礼，就是这样产生于富有而废弃于贫穷。君子富有了，就会喜欢行仁德之事；小人富有了，就会把力量用在适当的地方。潭水深了，自然会有鱼；林子深了，自然会有野兽；人民富了，仁义和道德自然会从他们身上生发出来，形成普遍的社会风气。

富而好德，在司马迁笔下第一个完美实践的典范，就是大名鼎鼎的陶朱公范蠡。

范蠡是帮助越王勾践成功向吴国复仇，一跃而跻身春秋五霸，成为最后一位霸主的关键人物。如此功业，范蠡堪比管仲、百里奚，实在是政治、军事、经济方面的第一流人物。其中，范蠡的经济思想最为有特色，他帮助越国“十年生聚，十年教训”，生聚就是发展经济，教训就是教导和训练军队。在经济上，他实施了一套卓越的“计然七术”，只用了其中的五术，越国就崛起了，吴国就灭亡了。范蠡这个人最厉害的，在于他的智慧，懂得“飞鸟尽，良弓藏；狡兔死，走狗烹”的道理，在大功告成之后，他毫不犹豫，立即急流勇退，毕竟他是传说的老子的再传弟子，深谙“功遂身退，天之道也”的道理。《史记》载：“范蠡既雪会稽之耻，乃喟然而叹曰：‘计然之策七，越用其五而得。既已施于国，吾欲用之家。’乃乘扁舟浮于江湖，变名易姓，适齐为鸱夷子皮，之陶为朱公……十九年之中三致千金，再分散与贫交疏昆弟。此所谓富好行其德者也。……故言富者皆称陶朱公。”

据说，范蠡离开越国后，带着红颜知己西施泛舟五湖，在太湖之滨隐居下来，以养鱼为业，还写出了中国最早的一部《养鱼经》。

范蠡像

通过养鱼赚得“下海”后的第一桶金，大概听说自己的老朋友文种被越王勾践所杀，范蠡觉得很不安全，害怕勾践派人来杀害自己，于是主动离开太湖，进入大海，沿海而上，一路来到了齐国。在齐国，他改了一个名字——鸱夷子皮，在海边居住下来，发展耕种、鱼盐、放牧，种桑养蚕，亲自带着家人参与各种生产活动，很快又积累了千金之富。

这里面有一个最基本的问题，一直没有人解释明白：范蠡“浮海至齐”，他具体所抵达的究竟是齐国的哪个区域？

让我们试着做一番分析。

范蠡从五湖泛舟，北上抵达齐国，所到的齐国区域应该符合几个基本条件。

一是经济繁荣发达地区。范蠡到齐国来固然有避祸的现实需求，但更是为了做生意，实现其“富家立业”的夙愿。所以这个地方的经济活动一定要很发达，否则他隐居山林即可，那样躲避勾践搜捕更加万无一失。

二是这个地方要距离越国足够远，甚至距离齐国的东南边境要足够远。因为范蠡帮助勾践建设会稽城的时候，就替勾践设计过，将来有一天要北上到齐国沿海，在那里建立根据地，以作为和诸侯争霸的大本营。后来勾践果然大举北上，迁都琅琊，带着越国的上千只战船，浩浩荡荡，在齐国的琅琊港口一带登陆，并且建立了新的都城。这个范围，大致就是今天的山东青岛胶南一带区域，也就是齐国两大经济中心之一——即墨的附近。因为范蠡知道勾践的这个争霸计划，所以他一定会避开即墨不加选择。那么，另外一个经济中心只能是临淄。

三是范蠡来到齐国，从一开始就决定要做鱼盐的生意，尤其是盐的生意。因为范蠡不是普通的小生意人，而是大商人。他从太湖辗转来到齐国，是带着养鱼积攒下的雄厚的资本来的，甚至还有一个猜测，就是西施从吴国王宫逃离的时候，带出来一大批吴王夫差赏赐的珠宝。这些都成为范蠡后来经商致富的本钱。范蠡来到齐国后，不是小打小闹，一定会大量购买土地、盐田、山林。而齐国主要的产盐、出盐区域，就在今天的河北盐山、黄骅、滨海一带。再加上范蠡兼营放牧、种桑养蚕等农林牧业，这个范围更加可以确定，就是在齐国与燕国交界的无棣河沿岸一带。无棣河两岸水草丰美，既可以耕种，又可以放牧。无棣河南岸就是饶安，以富饶、安定而得名。富饶的一个重要原因就是因为有盐山。但也正因为有盐山，又地处齐国和燕国交界的边境之上，因此冲突时有发生，特别渴望安定。这个地方，怎么看都是范蠡来到齐国首先要选择的一个落脚地。

至于范蠡到齐国后改的名字“鸱夷子皮”，究竟什么意思，也是众说纷纭。

很多专家都指出，鸱夷子皮是范蠡为了纪念伍子胥而起的名字。据《史记・伍子胥列传》记载，吴王受伯嚭的挑唆，怀疑伍子胥有二心，遂赐剑命其自裁。伍子胥仰天长叹道：“嗟呼！谗臣为乱矣，王乃反诛我！”语毕自刎而死。吴王闻之大怒，“乃取子胥尸盛以鸱夷革，浮之江中”。这里面，其实是范蠡行使了离间之计，贿赂伯嚭，让他除掉伍子胥。伯嚭充当越国复仇的急先锋，害死了吴国的顶梁柱伍子胥。

关于鸱夷革，三国时期韦昭说：“鸱夷，革囊也，或曰生牛皮也。”就是说，鸱夷是马皮或牛皮做的袋子。这种袋子主要用途是装酒，即酒囊，不用时收起叠好，可随身携带。当时行军打仗需要携带大量的酒水，酒水不方便盛在坛子里，马革、牛皮做成的大酒囊更容易携带，容量又大，就成为军中必备之物。大酒囊上绣有凶猛的鸱形图案，或许是为了彰显军队的气势。鸱是一种凶猛的、类似鹰或雕的猛禽；夷这种鸟来自东方。这种有着鸱夷图案的袋子，很有可能在少昊部落时代，乃至更早的蚩尤部落时代就有了，后来成为行军打仗的专业装备流传下来。伍子胥一生征战，他死后，夫差用这种酒袋子收敛他的尸体，也是表明他的将军身份。

范蠡给自己取名“鸱夷子皮”，一是为了纪念伍子胥，毕竟伍子胥忠心耿耿，而自己则因为要帮助越国复仇，不得不使出计谋，间接害死了伍子胥，而他对伍子胥其实还是很敬重的，毕竟是一代名将，英雄惜英雄。二是范蠡以“鸱夷子皮”自名，应该是老百姓家中经常用的酒囊，比鸱夷革要小很多，家家户户都有使用，取的就是“酒囊饭袋”的意思，就是说自己不再有政治上的抱负，甘于做一个普通的老百姓，每天酒足饭饱即可。三是酒袋子是皮子做成的，能张能弛，能松能紧，能屈能伸，伸缩自如，暗示范蠡经商变化多端，充满了智慧。四是范蠡知道自己来到的地方，是少昊帝所在的东夷文化遗存的地方，当地的人们对于鸟类有着特殊的情感，“鸱夷子皮”这样以鸟的名字来命名，更容易为当地的人们所接受，也是入乡随俗的意思。

有一个故事，可以反映出范蠡的过人智慧。

《韩非子·说林上》中记载：鸱夷子皮在齐国的时候，有一段时间做了田成子的门客。田成子有一次要避祸，离开齐国去燕国，鸱夷子皮就用重金给他买到了出入关卡的凭证。不过，他告诉田成子：“您听说过涸泽之蛇

《四世同堂》（齐良迟　绘）

的故事吗？一座大泽干涸了，众多的蛇想要迁徙。一条小蛇对大蛇说：我们这么多蛇，如果一起出现，穿过马路，我们小的跟随在大的后面，人们一定会认为不过是普通的蛇类大搬家，就会纷纷动手来杀害我们，谋皮取肉。但是如果您让我盘坐在您头上，后面的蛇咬着前面的尾巴前进，人们就会觉得灵异，认为我是蛇中的灵君，不敢轻易加害我们。大蛇答应了，按照小蛇说的去做。果然，没有人见过这样的景象，纷纷说：这是蛇中的神君出行啊，快点避开吧！一众蛇族得以安然无恙。"讲完这个故事后，鸱夷子皮告诉田成子："今天咱们也是一样，您是主公而我是宾客，这谁都能看出来。但如果您扮作我的仆人，而我扮作主公，人们一定会认为我是一个了不起的大人物，从而不敢轻易拦阻我们的行程。"田成子果然答应了。他们二人颠倒过来后，一路上，所经之处，人人侧目，看这个仆人都一表非凡，则主公一定是大有来历的，所以各个关卡纷纷放行。很快，他们就以最快的速度离开齐国到达燕国，赢得了摆脱追兵的时间。

以范蠡之智，将政治韬略用在商业经营上，自然很容易就成了巨富。

范蠡的致富秘术，流传至今的尚且有《范子计然》《陶朱公经商十八法》等。而我们根据后来范蠡教导鲁国穷书生猗顿的致富方法，亦可以推知他在齐国的时候，"居家则致千金，为官则至卿相"的详细过程。

一是养殖。范蠡告诉猗顿："汝欲速富，当畜五牸。"牸即母牛，泛指雌性牲畜，猪、牛、马、羊、鸡，也就是说，通过农牧业、养殖业，迅速积累起来第一笔资金。范蠡自己在齐国海滨一带，也正是如此迅速发家的。猗顿来到西河后，选择了一个叫作"对泽"的地方。土壤潮湿，草原广阔，水草丰美，是畜牧的理想场所。"十年之间，其息不可计，赀拟王公，驰名天下。"这其实也是最早的复利方法，为什么要饲养母牛、母羊，就是利用生育的特性，一而二,二而四,四而八，何况羊还是一胎多生，利用很小的资本，几年就可以壮大规模。

二是贩盐。猗顿去西河的根本目的是要靠近盐池，做盐的生意。这才是大生意，也是成为巨商大富的必由之路。范蠡在海边就是通过盐田积累了大量财富的。猗顿经过十年的积累，有了巨大的资本，因此自然获得了一张开发河东池盐的“致富通行证”。他为了更加有效地经营池盐，加快贩运速度，改变了驴驮车运的落后运输方式，开凿了山西的第一条人工运河。通过河运来取代陆地运输，其实也是从范蠡那里学来的，利用海上运输来大规模贩卖鱼盐丝漆等制品。很快，猗顿就在制盐业、运输业上纵横驰骋，成为一方巨富。

三是珠宝。范蠡在帮助越王勾践复国时候，就经常用珠宝贿赂伯嚭，收买吴国的大臣，所以他对珠宝是很精通的，他甚至可以称得上是中国珠宝业的一大鼻祖。他将自己的珠宝知识传授给了猗顿，猗顿也很快成为这个行业的大师级人物。《尸子·治天下》载：“智之道，莫如因贤。譬之相马而借伯乐也，相玉而借猗顿也，亦必不过矣。”猗顿对珠宝的鉴赏能力，可以与伯乐相马相提并论。

四是散财。猗顿从老师那里学习到最有用的商业智慧，还是“散财”哲学。他富起来以后，第一件事情就是修建了陶朱公庙，然后身体力行地践行了老师的“散财”哲学。“为而不有”，他不但把自己的粮食和马匹捐给了国家，保卫了国家的安稳，给人们留下了“急公奉饷奏凯歌”的感人事迹；而且看到流离失所无家可归的灾民，就开仓放粮济贫民，留下了“济贫店，舍饭站”等遗迹，至今，在王寮村的西南巷，人们还习惯性地叫它“饭家巷”。因为这儿就是当年猗顿恤孤怜贫、博施广济的遗址。

据《猗顿祠》古碑文载：“猗顿不朽有三：为国立功，为民立德，己身立言。”太史公说“长袖善舞，多财善贾，其猗顿之谓乎”，又称他“其财能聚，又复能散”。而这都得益于他有范蠡这么一位好老师。

从字面上来说，“散”与“聚”相对，商业从本质上来说，是一个聚财的过程。但是当财物聚集过多，就必须散去，犹如水从一滴滴聚集成湖泊、江河，最终都必须融在大海中，才能永远保持其活力，而不会干涸。

从思想渊源上来说，“散财”哲学直接从范蠡帮助勾践复国的历程中凝练形成，其本身亦是一套精密的、充满严谨哲学理论的复杂智慧系统。

河北盐山徐福千童东渡遗址公园内的大秦民俗馆外景

《国语》中对此有着非常清楚的记载，就是“持盈—定倾—节事”，也是一个“天、地、人”互相作用、互相影响的系统。

首先，我们来看“节事”。节事在地，节，就是节制。大地之道，我们更多的理解是包容，包容万物，养成万物。但是范蠡看来，大地最重要的一个特性，是“时”。时不至而万物不生，不到春天，土壤解冻，万物不能复苏。所以要播种一定是在春天，才能发挥大地的生养特性。如果错过了春天，那么这一年中就很难指望在秋天有好的收成了。这个春天就是“节”，所以四季叫“季节”，就是关键的时节的意思。推之于做事情，事情亦有“节”，就是“穷”。穷则变，变就会出现一些原来没有过的机会，只要抓住了这些机会，就能做成事情。因此不管做什么事情，都不要先忙着去做，而是要先观察，耐心地等待。一旦事情出现了转机，就要迅若苍鹰，动如脱兔，把握稍纵即逝的机会。

节事，对地来说在生，对物来说在养，对事情来说在成。不论如何，都必须我们亲力亲为，付出全部的精力，专心致志地去做，以得到上天的肯定。也只有所有事情都经历过了，真正做到弄懂了，做通了，懂得了其中的关节和诀窍，才能够把握火候，做到有理、有利、有节。

其次，我们来看定倾。定是安定，倾是危险。定倾在人。不管是安定还是危险，都取决于人。人人都有一颗本心，人的天性都是喜欢自己被人称赞，被人尊敬，被人歌颂。如果别人在自己面前摆出一副谦卑的姿态，低声下气，而且主动献上礼物，那么所有人都会宽大为怀，不会去跟对方斤斤计较。这是人之常情，也就是范蠡的“取之人心”。他给勾践出的主意，就是去给夫差认错，主动献上礼物，然后心甘情愿地做夫差的奴仆，做牛做马，服侍夫差。这一系列举动果然消除了夫差的戒心。本来越国即将灭亡了，却又得以生存下来。“留得青山在，不怕没柴烧。”最终勾践不过在吴国为质三年而已，然后返国复仇。

做生意，做事业，说到底都是在经营人心。人心可用，则事无不成。

再来看持盈。持盈在天。天道是什么？是“盈而不溢，胜而不骄”。天道就像大海，没有海水外溢的时候，天道也没有盛大而自我骄矜的时候，始终公正、公平，博大而无私，对天地间所有生命一视同仁。对人来说，顺应天道、天时，就是应该动的时候动，应该静的时候静。

就财富而言，如果需要聚集的时候，就像点滴之水汇成江河一样，水滴而石穿，以其执着；石穿而水涌，百川而成大海，以其能下。但大海为什么不满溢？就因为在阳光的照射下，海水蒸发，成了雨水，复又归还大地。

顺于天，和于人，顺天在于一个“时”字，和人在于一个“施”字。财富如同流水，要认识到财富不可能都集中到一个人手里。天地之间，四季流转，万物生机盎然，充满活力，靠的是“气”。气是无形的，却又无所不在；气是柔软的，可包容一切；气是流动的，在天地间流动，也在人的四肢百骸间流动，人在一呼一吸间维持生命，一旦没有了气，生命就停止了。同样，财富也是在社会上流动的，从这一家出，到那一家入；从一个人的手上出，到另一个人的手上入，但必定都是要发挥使用的功能。财富只有不断地使用才会具有鲜活的价值。如果财富不流通，社会就会出现财富的匮乏，引发财富失衡，百姓就会因受苦而产生埋怨，久而久之民怨聚积、沸腾，导致社会失衡，于是引发一系列的社会问题。社会动荡不安，个人的财富再多，也终究保不住。

相反，如果能够主动将自己的财富施散出去，取之于民，用之于民，那么个人对自己的财富进行了调节，达到了平衡，就会促成社会上财富的平衡；社会平衡有了更加良好的商业环境，反过来就容易聚集更多财富，个人获得了财富和名声，百姓受到了恩惠，安居乐业。

这就是范蠡的“散财”哲学，也是古代商人最朴素的慈善观。

慈善说起来人人可为，但终究需要一定的力量。你手上只有一滴水，也许连一棵干枯的禾苗都救不活；但是如果你有一片海，就可以广洒甘露，滋润一方土地，养活这一方土地上的所有生命，这就是力量。

富而好德，和“仓廪实而后知礼节”是一个道理。“人富而仁义附焉”。孔子的弟子中，有两个人最为有名：一个是颜回，一个是子贡。颜回是公认的最有道德的，连孔子都对他称赞不已。可是颜回的道德，就只局限于“一箪食一瓢饮”，身居陋巷，很多人都不知道他。他修炼的只是自己的德行，所惠及的可能只是陋巷一方的百姓，影响并没有扩散到天下。而另外一个学生子贡，则是一位生意大家，“不受命而货殖，亿则屡中”。很多专家学者都指出，孔子周游列国，子贡是主要的经费支持者。每一次遇到困难，子贡也是最有能力解决问题的一位。后来孔子去世，子贡驾驶着豪华的车子在列国行走，与一个个国家的君主称兄道弟，他宣扬的孔子学说，让列国君主为之倾听。司马迁由衷地称赞他：“夫使孔子名布扬于天下者，子贡先后之也，此所以得执而益彰者乎？”

关于对待财富的态度，子贡和老师孔子有过一番对话，《论语·雍也》记载如下。

子贡曰：“如有博施于民而能济众，何如？可谓仁乎？”

这里子贡是在说自己，我将我经商赚来的钱都用在救济穷苦的百姓上了，从一开始我经商赚钱就不是为自己，而是为了济世救人，这样的德行是否达到老师说的“仁”的标准了呢？

这是子贡的自信，也是他和颜回不同的地方。颜回的道德是向内心求的，是“成己”；子贡的道德是向外面求的，是“成人”。他很希望从老师那里得到一番印证，自己所走的道路对不对，究竟能不能“成仁”？

子曰：“何事于仁！必也圣乎！尧舜其犹病诸！夫仁者，己欲立而立人，己欲达而达人。能近取譬，可谓仁之方也已。”

孔子回答说：“这何止是仁人啊，简直可以算作圣人了！尧和舜还担心自己做不到这样呢！什么叫作仁？就是不但要成就自己，还要成就别人；不但自己处处事事通达易行，还要帮助别人事事处处通达易行。能够就近选择可以效仿的地方，然后全身心去做，就是实践仁的方法了。”

孔子的一生，是内外兼修的，既追求“内圣”，从源头上去修炼“成己”的道德人格，也追求“外王”，在现实世界里实现救世的功业。但很显然，他在道德人格上是圣人境界；在现实功业上，则不是很成功。除了在鲁国当大司寇，堕三都，做过一番改革事业，他在列国间没有能真正推行自己的道德主张。相反，子贡却是一个在道德人格上不够完美，在现实世界中却畅通无阻的“胜者”。他的济世能力，在孔子周游列国时已经得到锻炼，后来出马救鲁，震惊天下；孔子去世后，他更是全力实践自己济世救人的抱负，凭着卓越的商业头脑和外交才华，成为当时政治、外交、经济领域的一大风云人物。

最后，还有一点值得一说，子贡晚年经商，主要活动地点是在齐国，而且就在临淄一带。他是当时唯一可以和鸱夷子皮比肩的大商人。同样，他的身后，端木家族的后人也将全部家产分散给了贫苦百姓。

共同富裕：富而好德的现代提升

千载悠悠，经过范蠡、子贡在齐国实践并形成的“富而好德”传统，一直薪火相传。经历了晋商、徽商为代表的十大商帮数百年的砥砺淬炼，到了近代一跃而成为家国同构、家国情怀为核心的民族商业精神。一大批企业家如郑观应、张謇、卢作孚、范旭东、荣毅仁、王光英等，将“富而好德”的传统从个人到国家，为其注入了崭新的时代内涵。

今天，我们国家从改革开放以来探索建立的社会主义市场经济体制，已经初步形成。从一开始我们就立下了宏伟的目标——“共同富裕”，经过40余年的改革开放探索和实践，我们在积累了雄厚的物质财富同时，也更加意识到公正、公平地分配财富，让所有人都共同享受到经济发展和社会进步所带来的红利，真正实现人的全面发展，让财富为民所用，造福于民，

福禄寿三星像

早日和全国人民一道实现美好生活的奋斗目标！

2020年11月23日，随着贵州省宣布66个贫困县全部实现脱贫摘帽，标志着我国832个贫困县全部脱贫摘帽，12.8万个贫困村全部出列，区域性整体贫困得到解决，完成了消除绝对贫困的艰巨任务。

“摆脱贫困”，人类有历史以来、有文明和文化的记载以来，就在为着消除贫困和摆脱贫穷做斗争，经历了几千年的漫长等待，经过无数人的为之奋斗和努力，终于在中国，在我们这一代人取得了脱贫攻坚战的全面胜利。这是历史性的胜利，属于中国，更属于全世界！

这是我们这一代人所梦寐以求的幸福，也是我们留给子孙无尽的福祉！

第六章　多子为福

——从千童文化说起

从玉的洁白无瑕和秀美温润，到童男童女的青春俊美，志虑精纯，能够专一感应到天地的意志和情感，福文化的祭祀形式和承载内容的主体发生了根本性的变化，更加具体和生动，更加具有人间烟火气息，福也由此而走入千家万户，进入大众日常生活中……

《多子图》（齐良迟 绘）

“多子为福”的源起

多子为福，就是多生育子嗣，繁衍子孙后代。多子多福，这大概是几千年来，一代代中国人对福的最一致理解、最大认同和最身体力行的实践，也是中华民族的文明和文化所以繁衍生息、绵延传承五千年而至今不衰的一个根本原因，是最朴素的信念也是最坚定的基石。

在传统的艺术表现上，石榴是画家们最喜爱表现多子的。石榴的子非常多，一粒粒紧密地团结在一起，而且分为一个个小房间的样子，犹如一家一户，子孙满堂，给人以生机蓬勃，日子过得红红火火的直观感觉。

那么，为什么多子为福呢？

一个比较直白的解释，就是在古代的时候，先民主要从事农业耕作。农业耕作是需要劳动力的。有过农村生活经验的人们应该都有体会，不管是最基本的耕地犁田，还是秋天收获庄稼，都是很累人的体力活。一个家庭里如果人丁单薄，劳动力不足，就很难完成比较大规模的耕种。收获的粮食不多，仅够果腹而已，谈不上过什么好日子，更不用提发家致富了。这样的人家还何敢奢谈福呢？

还有一个原因，就是古代战争频繁，徭役和赋税很重。一旦战争爆发，朝廷就要征兵。如果家里子嗣不多，一被征集走青年人丁，家中只剩下老弱病残，日子一下子就不好过了。如果儿子不幸在战争中死亡，这个家也基本上垮了。所以多生子女，也是不得已的普遍做法。

多子，有人狭隘地理解为儿子，其实儿子和女儿都一样，都是孩子的意思。养育子女，是为了将来有一天，自己老了，年老体衰丧失了劳动能力，可以由子女来提供基本的衣食所需、看病费用，更重要的是，自己的生命和精神在子女的身上得到了延续，活着也就有了意义。

在一些人的粗浅看法中，孩子不就是父母结合的产物，是从母亲身上掉下来的一块肉吗？孩子就是父母所有的，要他干什么就要干什么；做父母的给孩子提供了吃和穿，提供条件让孩子学习和成长，帮助孩子成家立业；孩子将来长大成人，孝敬回报父母也是天经地义的事情。这不过是人类自然而然地繁衍生息，和天地又有什么关系呢？

这些人像动物一样，只是把孩子看成了自然生命。孩子当然是父母所生、所养的，可是每个孩子都是独立的生命个体，生命中除了有继承自父母的基因、血脉，更有着自己的秉性。这一部分却不是父母能决定的，而只能听命、顺从于天。

“麒麟送子”讲的就是这么一个顺天应命的故事。故事的主人公，是我们中国人最熟悉不过的大名鼎鼎的圣人孔子。

麒麟送子：天降圣人，赐福中华

史载，孔子的父亲叔梁纥，是鲁国的一代名将，曾经在多国联军的战场上，力举千斤城门，挽救了联军，从而一战成名。后来又单枪匹马救出被围困的鲁国大夫藏孙纥一家，因此在鲁国被尊为“三虎将”之一。

这样的一位勇士，他的祖上更是声名显赫。叔梁纥的祖上可以追溯到宋国的君主，是第四代宋国国君泯公之子弗父何，后来让国君之位给了弟弟，成为公卿。弗父何的曾孙正考父，是一位有名的大贤，辅佐三代君主，以谦恭著称于世。正考父的儿子孔父嘉，以字为氏，称孔氏。孔父嘉被华父督所杀，这一支的后人被迫从宋国离开，迁到了鲁国。

叔梁纥继承家族贤风，也一心渴望做一番圣贤事业。他凭借天下无双的力气和武艺，征战一生，却并不能为鲁国百姓带来安宁和平。在准备解甲归田之际，他知道自己的愿望不可能实现了，于是决定再娶一个妻子，延续子嗣。他已有一个儿子孟皮，但是天生跛足，不能够参加家族祭祀掌礼。他希望上天能够垂怜自己，赐自己一个健康聪慧的儿子，好子承父业，完成自己未竟的梦想。

似乎冥冥之中早有安排，叔梁纥在曲阜遇到了比他小50岁的颜征在。颜征在的两个姐姐都嫌弃叔梁纥年龄大，颜征在却一口答应嫁给叔梁纥。因为她知道叔梁纥是个英雄，而且知道叔梁纥出身圣贤之家。虽然没有历史记载，叔梁纥与颜征在是否早已见过面，但他们却有着一个共同的梦想，那就是在战乱不休、礼乐崩坏的喧嚣之世，在人人渴望和平与安定、人与人之间仁爱相处而不可得的一个大时代里，通过二人结合为这个世界培养一位圣贤之才。

正是因为从一开始就目的一致、志向和兴趣完全契合，所以年龄的鸿沟并不能阻止二人结成夫妻。颜征在婚后便跟随叔梁纥来到了陬邑居住。三年过去了，她都没有怀孕。夫妇二人一商量，决定到当地的尼山去向神灵祈祷。根据推测，当时尼山一带大规模种植桑树，在尼山上应该建有嫘祖庙。嫘祖除了掌管蚕桑之事，还是一位慈祥的母亲，是蚕神兼生育之神。况且叔梁纥的祖上可以一直追溯到黄帝，拜嫘祖名正言顺。

经过一番虔诚的祈祷，颜征在将自己和丈夫结合，想要为家族延续香火祭祀，同时为拯救这个纷乱的天下培育一位圣贤之才的想法和嫘祖详细诉说。她一个人在庙中独自待了一夜，回去不久，果然就有了身孕。

十月怀胎，一朝分娩，颜征在生产前夜，有一只五彩麒麟从天而降，落在了颜征在家的院子里。据《名山藏》《拾遗记》等史籍记载："孔子将生，有麒麟吐玉书……圣母以绣系麟之角"；"水精之子孙，继衰周而为素王"。各种记载版本不一，时间和地点上也有讹传。因为颜征在实际上是在孔子三岁以后，才带着他迁居阙里的。关于"素王"，也是后来的说法。

传说中，孔子亲眼见到过麒麟。《左传·哀公十四年》载："十四年春，西狩于大野，叔孙氏之车子锄商获麟，以为不祥，以赐虞人。仲尼观之，曰'麟也'，然后取之。"《孔子家语》记载："叔孙氏之车士曰子锄商，采薪于大野，获麟焉，折其前左足，载以归，叔孙以为不祥，弃之于郭外。使人告孔子曰：'有麇而角者，何也？'孔子往观之，曰：'麟也。胡为来

麒麟图（剪纸）

哉？胡为来哉？’反袂拭面，涕泣沾衿。叔孙闻之，然后取之。子贡问曰：‘夫子何泣尔？’孔子曰：‘麟之至，为明王也，出非其时而害，吾是以伤焉。’”见到麒麟被杀死，伤心不已的孔子还作了一首歌，反复吟唱：

唐虞世兮麟凤游，
今非其时来何求？
麟兮麟兮我心忧。

鲁哀公十四年（公元前481年），也就是孔子去世的前两年，麒麟来到人间。虽然麒麟隐藏在大泽中，却还是被砍伐薪材的人们发现了。麒麟被射死之后，没有人认识，于是请来孔子辨认。孔子一眼就认出来了：“这是麒麟啊！”他何以这么肯定？一来是因为他的博学，从历史记载中知道麒麟的存在；二是他应该从小听母亲颜征在对自己说过麒麟的模样，因为他出生的时候，有麒麟降临，颜征在还将自己的一条围巾系在了麒麟的角上。颜征在一定反复对儿子说起，孔子对于麒麟的样子比任何人都清楚。这时候亲眼一见，他就认出来了，正是母亲说的麒麟。

可是像麒麟这样的仁兽，却被无知的人们给射杀了。孔子能不伤心吗？麒麟之出，本来和凤凰一样，象征着天下和平安定的到来。孔子从很小的时候起，就知道自己是麒麟送来的，暗示着自己就是麒麟在这个世界上的化身。他三岁跟随母亲迁居阙里，不久就在周公庙见到人们演礼，他让母亲给自己买了很多的礼器玩具，学习各种礼仪。他的一生，就是在为了恢复周公时代的礼乐之治、为了天下重新建立一个安定祥和、人人幸福乐业的美好秩序而奔走努力，不料一生失意。政治理想不被重用，世道依然混乱不堪。正是在这个时候，他看到了麒麟，却不是活着的麒麟，而是被人们误杀的麒麟，能不自伤身世吗？“胡为来哉？胡为来哉？”你这代表和平仁义的麒麟，究竟来干什么啊？这不是一个麒麟应该出现的时代啊，你怎么来错了地方啊？他也在说自己：这不是你应该出生的时代啊，你是不是生错了时代？

孔子自己一生倾注心血最多、也最重视的一部著作《春秋》，最后就是“西狩获麟”，麟获而绝笔，孔子实在太伤心，再也写不下去了。

虽然如此，麒麟在中国人的心目中，始终是高贵而美好的存在。一如《诗经·麟之趾》，描述的是君子应该具有麒麟一样的德行：

麟之趾，振振公子，于嗟麟兮。
麟之定，振振公姓，于嗟麟兮。
麟之角，振振公族，于嗟麟兮。

我们的先民很早就认识到了麒麟的与众不同：它有蹄不踏，所走过的地方，最柔软的草也不会被踩倒，最细小的蝇虫也不会被伤害；有额不抵，它的头非常坚硬，可以一下撞碎石头，可是额头上长着一层松软的毛，将坚硬的额头包裹起来；有角不触，它的角样子很凶猛，可是却不是角质的，而是肉质的，非常柔软，根本不是为了攻击之用的。也就是说，麒麟是天生的和平与仁义之兽。它所象征的就是有武力而不用，而这正是以孔子为代表的儒家所追求的“仁”的最高象征。

正因为麒麟送子具有这么样的美好而丰富的含义，所以后世多将得子称为“得麟”，将儿子叫作“麟子”，不但是指上天赐予，而且暗示着带着美好的德性而来，长大后要成为贤人，为天下带来福祉。

下面我们总结一下，麒麟送子蕴含着先民对福的深层次理解：

一是获赐于天。这跟我们先民对福的理解是一样的。福不是随随便便就可以得到的。同样，要上天赐给一个麟儿，也不是随便什么人就有这个福分的。父母双方除了虔诚之外，还需要依靠两方面的力量：一方面是来自家族先祖的庇佑，是历代祖先的积德行善。颜征在准备嫁给叔梁纥的时候，就听说鲁国著名的智多星臧孙纥预言叔梁纥家族：“圣人之后，虽不当世，必有达者。”像叔梁纥这样祖上出过那么多圣贤的家族，后世一定会有圣人出现。因为先祖积攒了深厚的德行，在这样的土壤里面，不可能不长出一棵参天大树。这也是颜征在与叔梁纥夫妇敢于向上天祈祷的一大自信。另一方面，作为父母的必须向上天许诺，求来的这个孩子不是为了自己，而是为了将来成为栋梁之材，对社会、国家、天下有利，要做对百姓有益的事情，让天下都受德泽。

向上天求福、祈福的时候，也是一样的。福，有君子之福，有小人之福。什么叫小人之福？就是小人做了很多很多的坏事，“不耻不仁，不畏不义”，对于这样的小人，他仍然向上天祈求降福，而上天也会答应他，但却是“小惩而大诫”，就是给他小小的惩罚，而不是应该得到的灭身之凶，这就算是小人的福气了。毕竟上天有好生之德，也希望给予小人以改过自新的机会。如果还不知道反省自新，下一次就大祸临头了。那么什么叫君子之福呢？“君子安其身而后动，易其心而后语，定其交而后求，君子修此三者，故全也。”可见这个“全”字就是君子之福。身安，就是有一个安身立命的地方，也就是家庭，然后在处理好家庭的事情以后，再到外面去建功立业。易其心而后语，就是将自己内心的欲望简化到最低，心清了，眼自然明，一眼能够看到万事万物的本质，再用最通俗易懂的话说出来，告诉普通的百姓大众，这其实是立言；交友，确定自己的为人处世原则和标准，然后以此去寻找知音，同声相和，同气相吸，不因为外在环境的变化而降低自己的标准。实际上是在德行上寻找和自己一样的朋友，共同追求精神自由。对一个君子来说，这样的人生就算是“全”了，也就是圆满了。

所谓“人在做，天在看。”老天是最公平的。我们需要做的，就是时刻心存对上天的那一份敬畏，认真地做人做事。

二是效仿于地。古人认为，天的功能在于“创生”，地的功能在于“资生”。我们经常用大地来比喻母亲，的确，大地是母性的，她向万物敞开怀抱，宽大无边，自甘处下，万物都容易接近她，都能够被包容，获得自身生命所需要的基本营养，而又不改变万物特性。种瓜得瓜，种豆得豆，她对谁都没有偏爱，帮助每个生命发育成长。天底下所有的母亲对自己的孩子也都是这样的，因为这是母亲的本性。尽自己的努力提供一切条件，让孩子们自由成长。

《物华天宝》（吴云之　绘）

有人说过，这世界上所有的爱都是为了结合在一起，但只有一种爱，是以分离为目的的，那就是母爱。母亲将自己的爱给予孩子，全力培养孩子成长成才，不是为了将孩子一生留在身边，而是等孩子成人后，将他推向社会，让其为社会做贡献，为国家和人类创造奉献价值。

这也是我们之所以说孩子不是父母的所有品，更不是附属品的原因所在。孩子是上天赐予的礼物，是带着自己的使命来到这个世界的。古人认为，父母只是替天和地在抚养生命，是在替社会和国家、人类培养人才。

三是成之于人。就是要对孩子进行教育，根据不同孩子的秉性、天赋，采取不同的培养方法，帮助其寻找和认识自己的人生价值，然后去实现。

每个孩子生命的开始，都是一张白纸。而作为父母，在这张白纸上描绘什么样的图案框架至关重要。导之以正，从一开始就确立正确的方向，然后传授给予适当的知识，这样就会避免以后遇到更大的人生危险。无知是最大的危险，但是如果学了很多知识却去做坏事，却是更大的危险。所以，父母教育孩子，一定要从“善”的角度去作为出发点。

“君子喻于义，小人喻于利。”对普通的老百姓来说，利是我们首先关注的。可是当利与义发生冲突的时候，君子就不能不做出抉择。“以义制利”“见义思利”“义在利先”，最终实现“义利合一”。

善，是比义更为本初的出发点，百善孝为先。对做子女的来说，什么是善？不用去讲什么大道理，只要在家中孝敬父母就是善。一个人一生中最基本的责任和义务，就是孝敬父母。从有能力赡养父母开始，一直到为父母养老送终，这就是善的担当和完成。首先把这最基本的善做好了，然后再去关心社会，成就更大的善。

恶，与善对立。很多人作恶是在掌握了很多知识之后，自以为聪明，可以欺骗和蒙蔽所有人，却不知道自己仍然是被“困”的，困在什么地方？自己所学的知识，自己的欲望和习气里。因此，“蒙”的最高境界才是“击蒙”，自己将自己的这一层困境打破，从知识转化为智慧，从知识实践转化为德性修炼。正如我们一再强调的那样，恶不是我们生命的本来面目，善才是。一个人之所以作恶而不为善，是因为他还没有认识自己的本来面目。

一些人连自己的父母都不能孝敬，其实就是还不能返本探源，认清自我。“不养儿不知父母恩”，当自己做了父母后，一切就都明白了。最痛惜的是“子欲养而亲不待”，那就追悔莫及了！

天官送子：福落善门

在古代，麒麟送子通常专门指王公贵族之家，那么普通百姓人家呢？其实在民间，除了麒麟送子，还流传有“天官送子”之说，也叫天官赐福。

天官，就是福星。中国人耳熟能详的福禄寿三星，福星居于首位。这位福星的身份并不明确。最早的时候，福星专指木星。木星在五行中位于东方，在古代也被称为“岁星”。在马王堆汉墓中出土的帛书《五星占》上，就记载了木星：“东方木，其帝太昊，其丞句芒，其神上为岁星。”由于太昊和少昊都出自东夷部落，所以可以看出，其实是东夷部落的时代，人和神灵混而为一所形成的对星星的神化。东夷部落的古代氏族首领最早应该就是根据木星十二年绕太阳一周来纪年的。

前面讲过，大商业家范蠡善于观察木星，预测农业丰收与否。《淮南子·天文训》对此也做了总结：岁星十二年一个周期。岁星出现的地方，前两年五谷丰登，第三年会有饥荒，第六年进入衰落，到了第十二年会重新开始兴盛。以此安排农业生产，大致不差。

战国时期，齐国学者甘德用肉眼观测到了木星的卫星，其《岁星经》载：“若有小赤星附于其侧，是谓同盟。”可见对木星的天文观察一直存在。

可是，仅仅从理性的角度去观察木星显然不够，因为木星是岁星，四季交替，节气时序，吉凶祸福，都掌管在这位岁神手上，这样一位掌握着关键权力的大神，对应的是每一年诸神的君王，所以又叫太岁。

在梁令瓒《五星二十八宿真形图》中，这位岁星是什么形象呢？豹子头，人身，骑着一匹野猪头、马身的怪兽，该图有一段题跋，可看作是对岁星的介绍：“岁星神，豪侠势利，立庙可于君门，祭用白币，器用银，食上白鲜，讳彩色，忌哭泣，岁星为君王。”豹子头形象，大概取其“豹变”之意。豹子刚出生时很丑陋，但是长大之后，会生出一身美丽的皮毛，身体修长，毛色斑斓，非常华丽，高贵优雅，有雍容之气。岁星是凶猛中不失优雅，太岁虽然给人以狞厉之感，却自然有一种高高在上的威严，令人油然而生崇拜之情。野猪头和马身，应该也是威武和优雅的结合体，令人不敢“犯太岁”。

后来，岁星从天上来到了人间。《封神演义》中的杨任，眼中长出两只手来，怪模怪样，据说就是一位值守的太岁。

传说中，汉武帝时，一代名臣东方朔就是岁星在人间的化身。《洞冥记》载，东方朔死后，汉武帝问占星家大王公：“诸星具在否？”大王公说：“诸星具，独不见岁星十八年，今复见耳。”汉武帝不禁仰天长叹：“东方朔生在朕旁十八年，而不知是岁星哉！”东方朔在汉武帝身边待了十八年，天上的岁星便消失了十八年，直到东方朔去世，岁星才重见光明，说明东方朔就是岁星化身。

“福善”（林谦玉　书）

再往后，太岁不知道怎么从天上掉到了地下，成为肉块状的怪物。从《史记》到唐《酉阳杂俎》、敦煌残卷《白泽精怪图》，太岁隔一段时间就会出现，经常有人在掘地的时候将其挖出来，有的还被人吃掉了。可是有的人吃了延年益寿，有的人动了太岁头上的土却家破人亡。

当太岁作为“福星”的光环渐渐褪去，另外一位“福神”登场了，就是唐代阳城。

据《新唐书》记载：阳城，祖籍河北定州，后来迁居山西。自幼聪明好学，可惜家道败落，无钱买书，因而请求为集贤院属吏，借此机会攻读，昼夜闭门，坚持六年之久。功夫不负有心人，终于进士及第后，对很多人来说升官发财的机会到了，他却不贪图功名利禄，反而隐居中条山脚下，与两个弟弟阳智、阳域相依为命，过着清贫的生活。

尽管收入微薄，阳城却还是将家中仅有之物施舍出去，乐于助人，乡里称著，为人所敬。村闾中发生争论之事，不去官府，而找阳城调解。

后来，阳城得到李泌多次荐举，都不肯应召。李泌任宰相后，再次向唐德宗荐举，又命阳城为谏议大夫，派长安尉杨宁带诏书绢帛聘请。阳城无奈，只好亲赴京城谢恩辞绝。唐德宗派宦官取来朝服绯衣下令更衣召见，并赐帛五十匹，阳城不得不从读书隐居转而进入朝廷。

之后，一连居谏官八年，阳城始终采取谨慎的态度，遇事不肯多言，有时候甚至为了避免厄运的降临，以醉酒为借口，一字不言政事。其居谏官八年，未曾与人争是非，人也难测其吉凶。可是，当裴延龄诬陷陆贽、张滂、李充等人，欲将他们排挤出朝，以专揽大权时，阳城却挺身而出，声言我身为谏官，不可令天子杀无罪之臣，坚持拜见唐德宗，慷慨陈词，极言裴延龄罪恶。唐德宗大怒，要杀阳城，幸而在太子李诵的搭救下，经过长时期拘押才被免罪释放。唐德宗执意让裴延龄为相，阳城在朝堂上明确提出反对，声称：若裴延龄为相，他定要撕烂诏书，哭于朝堂。在阳城的力抗之下，唐德宗最终取消了任其为宰相的成命。史官对此评价说道："帝不相延龄，城力也。"

不久之后，唐德宗下令贬阳城为道州（今湖南道县）刺史，两百多名太学学生跪在宫门外替其求情。阳城起程之日，数百人为他饯行。

来到道州出任州官后，阳城励精图治，关心民情，实行节俭，赏罚分明。史载："治民如治家，宜罚罚之，宜赏赏之"。而他在道州任上，做得最令人称道的一件事情，就是道州出侏儒，自隋至唐，每年上贡，遂成定制。阳城到任后，发现这件事情其实是当地官员为了讨好皇帝，而不顾人家骨肉别离，家家哭泣。更有甚者，小小一个道州，怎么会有那么多侏儒？很多人就做起了缺德的生意：将幼小的孩子买来，将其身体割伤后，装在菜坛子里，只露出头部，由专门的人负责饮食，使得其在缸中畸形生长，几年后破缸取人，遂成侏儒之形。阳城闻状，不忍目睹，于是在其任上，拒绝再上贡侏儒，而且屡次上书，引起朝廷议论。皇帝见大家的反对声很高，也只好罢除了侏儒“岁贡”。阳城这一举动令无数家庭父子团圆，母子相依，家家户户都对阳城感恩戴德，于是建庙供奉，尊为“福神”。

除了阳城这位“福神”，民间还有一位“福神”，人称“张仙爷”。明清时期，很多地方都有张仙阁，供奉其神像：一身华丽的贵族打扮，面如傅粉，唇若涂朱，五绺长髯飘洒胸前，一幅十足的美男子形象。他左手张弓，右手执弹，做仰面直射状，似乎在驱赶上面的一只天狗。据民间流传，其来历是花蕊夫人的丈夫——五代后蜀皇帝孟昶。后蜀被宋太祖赵匡胤灭后，孟昶的爱妃花蕊夫人也被送到汴京皇宫归新帝所有。花蕊夫人不忘故主，时时怀念前夫恩爱，就画了一张孟昶挟弓射猎的画像，挂在自己寝室的墙壁上。一天，赵匡胤来此过夜，见到此画，询问其故，花蕊夫人一时着急，诡称其为“我蜀中的送子张仙神”。这样，“送子张仙”就流传开来了。在中国北方的河北、天津一带，不少居民家中还把张仙的画像镜框挂在卧室房、炕灶烟道出口处悬架的供板上，供上香碗、蜡烛。板上还要设一小瓷碟，内放四五个湿白面球，每日更换，据说是喂天狗的。因为烟囱冲着天，会有天狗从此钻进屋里吓唬小孩。张仙爷守住了烟囱口，天狗就不敢进屋了，可保佑孩子一年平安。此外，人们还认为张仙所持“弹”与“诞”字谐音，暗含“诞生”之意，因此人们将张仙爷奉为专管人间送子之事的“诞生之神”。

总之，随着“福神”从神到人，也暗示着福文化从王公贵族之家走入千家万户。一个有趣的现象是，在各种福神图像上，福神身边总要环绕几个娃娃，“多子多福”遂成为普遍说法。

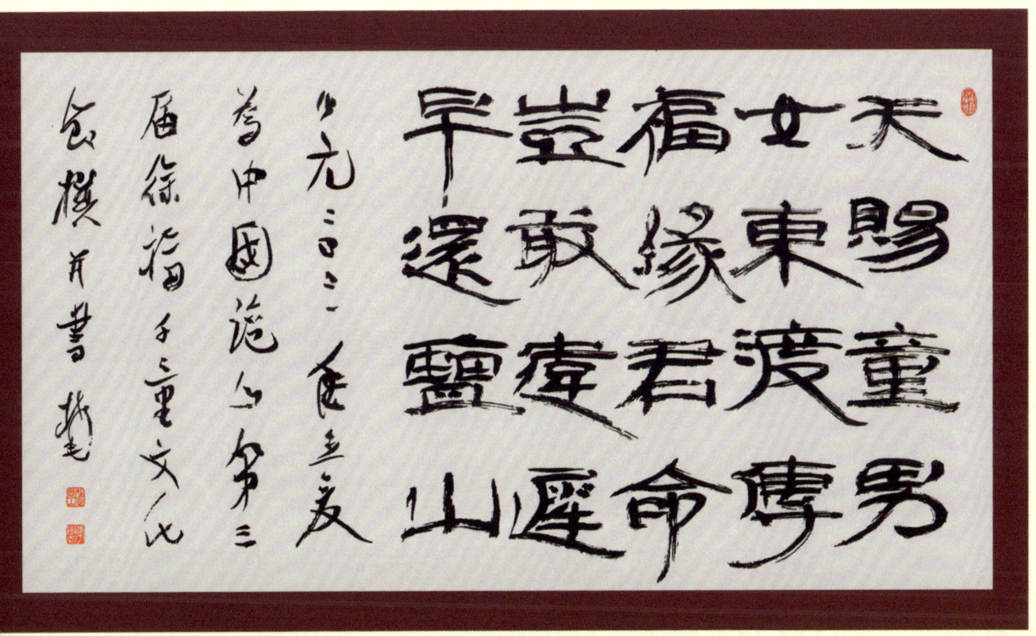

“天赐童男女，东渡传福缘，君命岂敢违，迟早还盐山”（李树杰　书）

童男童女：天人感应

童男童女，在古代被认为是可以沟通天地的通灵媒介。

远古时代，天地初开，人神一体。《山海经》中描绘就是这么一个世界。在《山海经》中，有一座神山叫昆仑山，那是中华文明的精神之山，也是中国神话的发源之山。

据《山海经》记载："西海之南，流沙之滨，赤水之后，黑水之前，有大山，名昆仑之丘。"

昆仑山，上面连接着天，下面连接着地。天地之间，有着一道巨大的铜柱，周围三千里，上下分三层：第一层，人登之不死；第二层，人登之通灵；第三层，人登之成仙。天地相通，对于人也没有什么限制。如果谁想要去攀登铜柱，只要不怕各种神兽，尽可登天。

昆仑山之巅是百神居住的场所。其中，有一位是我们熟悉的西王母，人身豹尾、虎齿而善啸，执掌天罚与灾祸。

第一个见到西王母的人应该是后羿。后羿听说西王母有长生不老的仙药，就登上昆仑山去求了来，却被妻子嫦娥给吃了。于是嫦娥成仙了，飞升到月宫。

后羿之后，第二个见到西王母的人是黄帝。炎帝和黄帝联合，在涿鹿与蚩尤展开一场决定中华文明走向和归属的大战。战斗激烈，难分胜负，但是蚩尤的军队人高马大，凶猛无比，似乎要占了上风。黄帝正在无可奈何之际，忽然一天晚上，梦到了西王母派使者来将他接到昆仑山上，传授给他兵符，随后，西王母再命人首鸟身的九天玄女教授给他兵法韬略、奇门遁甲之术。黄帝得到仙人帮助，顺利地击败了蚩尤。从此，中华民族就尊黄帝为人文始祖，我们也都成了炎黄子孙。

到了黄帝的孙子颛顼即位为天下共主的时候，情况发生了变化。

《列子》记载：颛顼即帝位后，一个最能干的大臣共工决心谋反，和颛顼争夺天下。于是颛顼和共工发生了大战，共工最后战败，羞怒之下，一头撞向不周山，将不周山撞断了。不周山是支撑天地的八根柱子之一，从此，天向西北方倾斜，日月星辰便移向西北；大地向东南倾斜，江河湖海便向东南方向流动、汇聚，基本成为今天的地理形势。

关于共工的真实身份，已经不可考证。传说，这是一位大巫，有着沟通天地神灵的强大能力，善于呼风唤雨，神通广大。这一场半人半神的大战结束后，颛顼为了制止共工这样有能力而没有德性的大巫再作乱，祸害天地和百姓，下了一道命令，让重与黎二人——应该也是两位大巫——彻底断绝了天与地的联系，使人与神不能再随意往来。这在中华历史上同样是一件大事情，被称为“绝地天通”。

随着“绝地天通”，神和人正式分开了，神渐渐隐去而人成为主角，但是神仍然是高高在上的主宰，人类还是需要通过祭祀仪式表达对神灵的敬畏。这时候能够沟通神灵的只剩下了巫者。

在本书开篇，我们讲过，巫者就是手里拿着玉跳舞、向神灵祈祷的人。而玉作为通灵的媒介，一个最大的特点，就在于其纯洁性。

“玉”，《说文解字》解释为“石之美者”，石头中最美丽的为玉。那么怎样的石头才是“美”的呢？显然是加入了人们的主观审美。

玉有三个基本特点：

一是洁，即洁净，洁白。玉的纯洁无瑕，让人一见而顿生涤荡污浊之感。如果我们久久地凝视一块白玉，会感觉精神也变得纯净起来。

二是润。润就是有生命，充满了生命的温度和滋润。将玉在手心里触摸，我们的生命会自然与其产生反应，“玉以养人，人以养玉”，连通一体。

三是精。玉是石器时代的稀有之物，再经过能工巧匠的精心雕琢，打磨而成精品，就具备了社会身份。玉也因此而成为文化的最佳载体。

郑山麓作品[①]

以玉而通天，是巫者常用的一种手段；后来从玉器时代进入青铜器时代，乃至铁器时代，玉也从王公贵族的专属之物进入商业贸易流通，成为大众的饰物，进入日常生活中。玉的神秘属性渐渐褪去，对于巫者来说，要沟通天地就需要找到新的替代物。这时候，就从玉转向了童男童女。

“童”，《说文解字》中解释为：“男有罪曰奴，奴曰童，女曰妾。”最初的含义为有罪的男孩，也就是男奴。也写作“僮”。在甲骨文中，是一个小孩子被刑具绑住的意思。还有一种说法，甲骨文中表示的是头上的头饰的意思，专门用来象征还没有长大成人的男孩或者女孩。可以想象，最初这些童男或者童女，是巫者祭祀天地神灵、作为和天地神灵沟通的媒介来使用的。通常是为了举行大型的祭祀活动而准备，提前一年或者两年就将一批童男童女征集、聚集起来，加以专门训练，教导基本的祭祀知识，负责具体的任务。

当祭祀的时候，巫者表演，童男和童女配合表演，通过其自身特有的纯洁性、生命的充沛活力，兼有外在的仪表美和内在的心灵纯朴，给观者以

① 郑山麓，全国政协书画室特约画家、中央文史馆书画院研究员、中国美术家协会会员。

愉悦的享受，向神灵展示祭祀者的虔诚，最终打动神灵。

甚至作为祭祀用的童男童女，还有一个特殊用途，巫者以童男童女的精血来祭祀某些特殊的神灵，祈求保佑。在某些贵族的墓穴中，会发现殉葬的童男童女，但并不多见。

总体来说，从以玉为媒介到以童男童女为媒介，是一种自然而然的变化。

以童男童女助祭，乃至于献祭，是殷商之际的普遍做法。

一是童男童女的心灵纯洁。每个生命都是秉天地之灵性而生，一个刚出生的孩子，身上的神性远远大于人性。后来神性一点点消失，而人性一点点增加。当到了举行冠礼，通常是16岁到20岁，一个人正式宣布成年了，也就是成为一个社会人了，这时候他的人性开始占据上风，神性基本消失了。

二是童男童女的元气充沛，生命活力是最蓬勃的，精力旺盛，好像有永远使不完的劲。

三是自然天成的青春之美。这种美如同璞玉一样，是天地自然形成的。童男童女的美，从身体的仪表之美到灵魂的纯净之美，是浑然一体的。

正因为以童男童女助祭被时人普遍接受，所以并不特别被历史记载。

倒是在宫廷之外，一些奇人异士那里，童男童女成了“神迹”的助力创造者。

根据《吴越春秋·阖闾内传》记载：“请干将铸作名剑二枚……干将作剑……使童女童男三百人，鼓囊装炭，金铁乃濡，遂以成剑。”

干将、莫邪夫妇为吴王阖闾铸剑的故事，历史上确有其事。从史料记载中，也可以看出当时不但在技术上达到了很高的水平，而且对于祭祀仪式非常重视，“借天之力而成神兵”的含义非常明确。毕竟他们要铸造的不是一般的兵器，而是要铸造出“神器”来。既然是“神器”，就需要和神灵充分沟通，这300名童男童女就是最好的代言人。将这么多心地纯净无瑕的童男童女组织在一起，心思纯净，专注一致，和干将、莫邪夫妇二人齐心协力，共同向神灵申明铸剑之意。轮作几班鼓动风箱，不停地向炉子里添加木炭，保持着极高的温度。甚至莫邪还虔敬地将自己的头发、指甲剪下，投入熔炉中以铄金。他们认为，这样铸造而成的剑具备了人性、神性，是不折不扣的灵物。

当然，也有更极端的行为：据说干将的师父，一代铸剑大师欧冶子，为了铸就神剑，更是“夫妻俱入冶炉中，然后成物”。以自己的生命作为献祭，将鲜血和精神一道融入剑中，成就人间神品。欧冶子相信，这样铸造出来的兵器，一定是惊天地、泣鬼神，夺天地造化的神器。

由春秋而战国，随着齐国、燕国一带方士群体的形成和神仙之学的流行，求仙、求药，长生不老，人和神的沟通又频繁起来，童男童女更是成为和神灵沟通最为有力的媒介。毕竟在我们所熟知的神仙故事中，不管是仙山洞府，还是深泽大川，只要神仙出现的地方，一定会有仙童。

神仙、童子，这一固定搭配是人们最早的想象，也出现在文学作品中。三国时代的曹丕在《折杨柳行》中写道：

西山一何高，高高殊无极。
上有两仙童，不饮亦不食。

在高高的山上，云雾缭绕，宫殿时隐时现。仙人不知道去了何处，也不知道什么时候回来。只有侍奉仙人的两位童子，悠然地守卫着宫殿。他们已经和仙人一样得到了长生的秘诀，不需要喝水，也不需要吃饭。

诗人的想象是瑰丽的，这样的意象也是我们想象中的仙山洞府景象。

既然有神仙的地方一定有侍奉左右的童子，那么用童男童女助祭，向神仙表达甘供驱使、愿执劳役之意，就是求仙者所要直接向仙人表达的由衷的意愿了。

信子节：千童文化的“活化石”

河北盐山县千童镇一带的“信子节”，堪称童男童女文化的“民俗活化石”。

据《盐山县志》记载：信子，俗称“抬阁”，是流传在盐山县千童镇一带的一种风情奇特的民间祭祀活动，最早出现于汉代，每逢甲子年农历三月二十八日举办。信子架高达12米，由木杆、熟铁棍绑制而成。竖杆的顶端用铁棍、木板搭起空中舞台，台上的童男童女表演出各种各样的造型。“千童信子节”于2008年被国务院批准为国家级非物质文化遗产。

据专家解释，“信子”的含意即为虔诚地表示对年幼儿女的怀念。“信”，并不是我们普通意义上理解的诚实、不欺等含义，而是信息、消息，“信子”就是孩子的消息，也有专家进一步指出，“信”是盐山方言“寻”（xin），“信子”即“寻子”。当地人登高寻找儿女以示纪念追怀。不管哪一种解释，都可以肯定，信子节就是为了纪念当年徐福千童东渡，跟随徐福一起出海未归的数千童男童女，父母期待他们早日归来，因此举行了这一仪式活动，期待得到来自海上的消息……

信子节，具体起源于何年何月，已经不可考证。基本上日期是固定的，就是每60年举办一次，取的是“甲子重生”之意。当一个新的甲子开始，万物更新，作为天地万物的生命都开始了一个新的轮回。人们相信，那些漂泊无依的魂魄，会跟随天道一起进入轮回。这时候如果亲人们大声召唤远方的魂魄，这些魂魄就有可能重返故里。

关于信子节举行的日期，一般说法是农历三月二十八日。这一天，据说是奉秦始皇命令出海求药访仙的徐福率领千童百工，一起渡海出发的日子。关于这件事情，我们将在后面展开详细的论述。尽管在2000多年的历史岁月中，一直伴随着对徐福千童东渡事件的争论，但这件事情应该是真实存

1951 年信子节照片

1993 年盐山信子节人潮

在的，因为这毕竟是当时轰动全国的一个大事件，有成千上万个家庭的孩子跟随出海。这几千童男童女的父母，骨肉情深，怎么可能会不留下深刻的记忆？

1993 年信子节上表演“千童东渡”

历史的烟云早已缥缈，千童镇现存的信子及信子节，虽然仍是以纪念和祭祀当年被迫离家出海求仙不归的数千童男童女和百工百匠而举办，但是内容却已经演变成了一种具有浓郁地方特色的传统民间社火活动。据当地老人回忆，近百年来，这种活动只举办过三次：一次是1950年9月庆祝中华人民共和国成立一周年；一次是1993年5月19日（农历三月二十八日），旧县城恢复千童镇名称后举办的纪念活动；一次是1997年5月4日（农历三月二十八日），由中国徐福会、河北省徐福千童会、沧州市政府、盐山县政府联合举办“中国千童城徐福千童国际学术研讨会”，在盐山千童镇举办千童信子节和千童祠落成典礼。

信子架呈“古”字形，仿效的是当年出海的大船上高高的桅杆。人们在海上要不时眺望远方的陆地，会爬上桅杆，登高远眺。信子则是将这海上的一幕重新表演了出来，集中展示了高、惊、险、奇的特点。

据历史记载，盐山原本有东汉末年佛教刚刚传入中国不久建立的开化寺。寺内竖千童碑，置千童殿。信子节这天，通常先在开化寺内举行开祭仪式，众人焚香祭拜，然后由寺庙内出发，正式开始沿街巡行表演。信子由36名粗壮的大汉抬着，踏着锣鼓点稳步前进。信子架前，由会要武术的人用三节棍和狮子舞开道；信子上架后，配以龙灯、落子、高跷、旱船、

1997 年信子节上表演“东渡击浪”

1997 年信子节上表演“扶桑授艺”

竹马、花狸虎、秧歌、武术等各种花会边走边演。街边观看的人，有的手持焚香，有的献上祭品，待信子走过，就跟在后面。队伍越走越庞大，最后来到千童城东门外无棣河边，面向东方遥祭，这时候鼓乐齐鸣，人们纷纷焚香烧纸，呼喊落泪，召唤流落他乡的亲人名字，祭祀的气氛也达到了最高潮。然后，人们返回开化寺，在千童殿前举行收祭礼，算是一届祭典正式结束，当地人称为“引魂认祖”。

每逢演出，天津、济南、德州、沧州等地的观众便提前几天抵达千童镇，到开化寺进香。方圆百里的百姓和商贾也争相而至，围观者常多达数万人以上。旧社会有钱的大户人家，还专门搭设观望台，邀请亲朋共赏奇情异风。各种货摊商位，犹如雁群蚁队，摆出古城几里远。每一次都是货物一扫而空，千童镇的井水都被喝干了，足见规模盛大。

1997 年信子节上表演“望海盼归”

1995 年 10 月日本徐福会理事长饭野孝宥为千童祠奠基

当地人口口相传：老辈子传下来的规矩，不管天灾人祸多么严重，不管衣食住行多么困难，一代传一代，六十年一次的甲子年信子节必须要举办，不能中断。这是父母对孩子的一个庄严承诺。

无独有偶，在日本佐贺金立山一带，也有一个和千童信子节相似的节日仪式，叫“氏子节”。每五十年举行一次，在公历4月27日这天，氏子们将金立山顶上神社里供奉的徐福像抬出来，从上宫抬到下宫，次日（28日）早晨与神女阿辰相会，然后一路来到当年徐福登陆的海边，对着大海遥遥祭奠，以表示徐福及千童的思念故乡之意。

这两个仪式，一个是盼儿归，一个是思故乡，还有什么比这更巧合的吗？

碧海无垠，浪涛滚滚。2000多年的风浪，依然在大海上呼啸翻腾；当年跟随徐福一道东渡的数千童男童女，有的在海上葬身风浪，有的在途中流落岛屿，也有的跟随船队最终抵达了平原、广泽，在那里居住下来，开始了一种全新的生活，繁衍生息，哺育子女，传宗接代，开枝散叶。不管怎样，在一个个鲜活生命的灵魂深处，在一个个身处异乡的日日夜夜，他们对中国、对故土、对亲人的那一份思念和依恋，始终未变。心之所向，梦之所依，魂兮所归，始终是中华母亲的温暖怀抱！

游子回来，
魂魄归来！
山海苍茫，
归途不忘！
故土在兹，
日思夜想！
亲人在此，
涕泪满裳！
……

1997年5月千童祠落成典礼

孝与福的关系

让我们再回到本章的开头，多子为福，这一说法在中国乃至亚洲流传了两三千年。但是多子多女就一定是福吗？也不尽然。这需要一个前提条件，就是子女对父母的孝。子女孝顺是父母之福，不孝又何谈有福？

“孝”，在《说文解字》中解释为：“善事父母者。”其字形为子承老，就是做子女的将老迈的父母背在自己的肩头上，以自己之腿脚为父母之腿脚，双方都很开心的样子。我们知道，中国古代有《二十四孝图》，讲述的都是善于侍奉父母的孝子，那真是把一个“孝”字做到了极致。孝心孝行，有孝心自然有孝行；无孝心则装出来的孝行也是给别人看的，父母自然会感觉到。百善孝为先，先在自己家里行善，然后才能够将这种善行推广到左邻右舍，到乡里和社会上去。

古人认为，孝与福相通，可以概括如下：

“忠孝”（吴云之 制）

一是感通。福能通天地，孝亦能感通天地。一个人孝与不孝，上天是看在眼里的。因为天地宇宙生养万物，本身就是所有生命的父母，虽然是“生而不有”，并不肯占为己有，但是对孝还是很看重的。因为那意味着生命的端正和向上，不违背本性，对人来说就是人性。“人之初，性本善。”也可以说“性本孝”，只不过善和孝都需要后天去发掘，去实行，去扩充，然后才能圆满成就。

二是敬顺。孔子说：“今之孝者，是谓能养。至于犬马，皆能有养。不敬，何以别乎？”孔子认为孝的实质，必须建立在“敬”的基础上。敬天地，敬祖先，敬父母，都是同一种感情，就是感恩。不能说只是给父母吃喝就叫养老，就叫作孝，而是要让父母心情愉悦，顺从父母的心意，但是“顺”是需要智慧的，不是不加分辨，一味地接受，要让父母高兴而又不违背最基本的道义，这的确很难。然而也正是这种磨炼，和修福积福一样，最后会有福报的。孝亦是会转化的，在家中为孝，在社会上为忠，都是立身之本，成业之基。

三是传承。我们祖先造字是有多重含义的。“子承老”其实也是一种精神上的传承。以前叫“子承父业”，这不仅仅是传承家族手艺，还有家业、立业。将门虎子，耕读传家，都是一种传承。将先辈的精神传下去，用自己的努力取得更大的进步，甚至完成超越，这才是孝的最高境界。光大门楣、光宗耀祖，都是一种正面向上的激励和进取。每一个家族的好的家风一代代传下去，就是福的累世积攒和传递。

“福寿康宁”印（韩焕峰　制）

第七章　徐福千童东渡对福文化的传播（上）

秦始皇与徐福

在群星璀璨的历史星空中，秦始皇帝无疑是最光辉绚烂、令人瞩目的大星之一。2000多年来，关于他的议论一直没有停息，因为他所做的事情实在太大，很多都让普通的人们难以理解，无法以常理度之。

从《史记·淮南衡山列传》中我们可以看到，秦始皇在统一天下后，一共干了几件大事情：遣蒙恬筑长城，铸就了绵亘至今的中华民族的精神象征——万里长城；派徐福入海求仙，数千童男童女、百工和武士等带着五谷种子随行，促成了中华文明和文化第一次以国家组织的方式大规模向本土以外传播；使尉佗逾五岭攻百越，尉佗平定南方后，有组织、有计划、系统地对南方进行了大规模开发。这三件都是当时举国上下瞩目的大事，动辄征集几十万人，没有被直接征集的人们也在承受着沉重的赋税杂捐，"百姓力竭""欲为乱者，十家而六"，一半以上的百姓都承受不住折磨了，的确有些苦不堪言。因此，人们对于秦的统治称之为暴政，对于秦始皇为了一己的伟大之梦而劳民伤财，不能不从内心深处生出怨言。

从百姓的角度，固然是不愿意被卷入这些沉重的国家大事中去；可是对秦始皇来说，他刚刚统一了中国，建立起了一个空前绝后的大帝国。他的政治智慧、军事智慧和文化智慧都达到了一个巅峰。车同轨，书同文，四海之内，天下已定，再没有什么需要做的事情了。他甚至已经为后世子孙构建起了一座可以传承千年万年的宫殿：以土地私有制取代原来的井田制；以中央集权的官僚体制取代原来的宗法制；以郡县征兵制取代原来的分封制；以法家文化取代原来的礼乐文化，这四大制度犹如四根坚固的柱子，支撑着大秦王朝可以千秋万代传下去。一世、二世、三世……以至于万世，秦始皇的子子孙孙什么都不用做，只要按照祖宗留下的这一套设计制度，自然地去让国家运行就可以了。

由于秦始皇创造性地用了一个尊号——“皇帝”，他有充分的理由认为，自己是这个天下独一无二的“王”，自己推行的，就是三皇五帝以来，中华民族所一直盼望实行的、期待出现的德政与王化。在《琅琊刻石》上，秦始皇第一次到琅琊，就发出了这样的豪迈宣言：“皇帝之土，西涉流沙，南尽北户。东有东海，北过大夏。人迹所至，无不臣者。”这也是中国的帝王第一次真正做到“普天之下，莫非王土；率土之滨，莫非王臣”，人们真实感受到了这种王权的威压。

在这种情况下，秦始皇开始将目光投向中国之外。他是邹衍的“五德”说和“大九州说”的忠实信徒。作为“五德”说身体力行的实践者，秦国以“水德”而王天下，最为崇尚的颜色是黑色，秦始皇通过实践证明了邹衍的“五德”说是对的。那么，他对邹衍的另外一个重要学说“大九州”学说，自然也深信不疑。

“望今制奇参古定法”印（吴云之 制）

因此，秦始皇才不会满足于仅仅统一中国这个“赤县神州”，只做天下八十一分之一的“王”，他的雄心壮志和气度魄力远超三皇五帝，他要真正做全天下的“王”，一统大九州！

这样的一位君主，这样的一位千古一帝，在当时能够理解他的人并不多。毕竟他的每一个想法都太宏大了，也太疯狂了。他从十几岁就给自己修陵墓，他以摧枯拉朽之势横扫六国，统一之后也不闲着，又是修长城，又是击南越，又将目光投向东边的大海。

很难说清楚秦始皇对大海有着怎样的情感。他是一个来自西北内地的大国君主，却对大海充满了狂热的感情。也许是他发自内心地认同邹衍的“五德”说，认为自己就是“水德”的象征。既然是水德，那么自己拥有的最伟大的力量就是“水”，也就是大海。自己这个大秦王朝的盛衰兴亡都系于水；所有的天命、神命，所有关于未来的奥秘，都在大海之上。他必须要和大海做一番彻底的沟通。

正如同所有的人在建功立业、功成名就之后，第一个想到的就是光宗耀祖，是向祖宗祷告，自己实现了家族的梦想，为家族争得了荣光，秦始皇在统一大业完成之后，第一个想到的事情也是如此：禀告先祖，告于上天！而他的先祖在什么地方呢？在刚刚被征服的齐国境内。

秦人的先祖是来自东夷部落的少昊。少昊的第五代孙伯益，是大禹时代的一名协助治理水患的官员，因治水有功，故受舜赐姓“嬴”，封地于费，并将姚姓之女许配他为妻。值得一提的是，帝舜还赏赐给伯益“皂游”，就是一种黑色的旗帜。因此伯益的部落和后来的封国都崇尚黑色。这与后来秦始皇从邹衍的“五德”说中得到启示，选择黑色是一致的。帝舜禅位于禹，伯益被任命为执政官，总理朝政。这是一个相当高的官职。大禹去世前，本想让位给伯益。伯益不受，于是他将君主之位传承给了夏王启，伯益则做了启的卿士，一人以下，万人之上。夏启六年，伯益病死，据说享年一百余岁。

伯益封费之后，人称“大费”。《史记·秦本纪》云：“大费生子二人：

一曰大廉，实鸟俗氏；二曰若木，实费氏。”大廉继承伯益职位，建立古黄国。大廉的后裔非子，在西周封地于秦，建立秦国。

这样一来，我们就会很明确，秦始皇完成统一大业之后，第二次出巡，也是第一次东巡就选择了到山东境内的齐鲁故地，并且登上了邹峄山，在这里刻下了第一块记载他丰功伟绩的“峄山刻石”。为什么选择峄山？因为峄山是伯益时代费国的圣山，也是东夷部落的圣山。秦始皇到这里来的目的，是真正意义上的“认祖归宗”。在精神的源头上，他第一次和秦人的祖先实现了合而为一。我们今天看“峄山刻石”的文字，那分明是一个伯益后人的口吻，在说自己已经完成了平定天下的丰功伟绩，但还是不敢有一丝一毫的懈怠，因为还要建设长远的利益，为子孙后代造福，这里禀告的对象并不是天地神灵，而是秦人的祖先，是向伯益乃至少昊的一次工作汇报！

在峄山脚下，秦始皇和自己的先祖后人仔细地沟通，将自己从秦国带来的风俗习惯和一些古老的祭祀仪式一一加以印证，并且了解到当地的古老文化——福文化。很多一直困扰他的问题都有了答案。

《史记·封禅书》记载，秦始皇离开峄山之后，向泰山出发。

在泰山脚下，秦始皇召集齐鲁儒生、博士七十余人，商议封禅大典的具体仪式。有的博士告诉秦始皇，要用蒲草将车轮子包起来，以免损伤山上的一草一木，然后扫地而祭，用其简易。这显然是上古时代祭祀山神或祭天仪式所流传下来的仪式，但是谁也不敢肯定。毕竟泰山封禅已经是很遥远的传说了，谁都没有真正见过。秦始皇对齐鲁诸生的提议很不满意，决定按照自己的方式进行封禅。其做法是劈山修路，从泰山之阳登上山顶，“立石颂秦始皇帝德，明其得封也”。至于具体的祭祀之礼，据说也很简单，就是采用了酱色的酒和煮熟的鱼。所用之礼“皆秘之”，就是故意不让齐鲁诸生知道。有人说这是秦始皇不够自信，我们认为，这恰恰体现了秦始皇的良苦用心。他没有采用传统的三牲那样盛大的祭品，而是用了酒和鱼，或许在那鱼上面还洒了一层厚厚的、细密的盐。我们甚至可以认为，秦始皇祭祀泰山，用的是在峄山那一套古老的祈福仪式。他认为这才是最能体现自己生命和精神的仪式，他是在为自己祈福，祈求长寿百岁，乃至千岁万岁，也是在为自己的子孙后代祈福，为这个刚刚诞生的统一的国家祈福，祈求万世一系，江山永固。

从泰山下来之后，秦始皇又来到了琅琊，兴致勃勃地继续他的寻祖认亲之旅。对于从小在邯郸的复杂环境里长大，又在秦国经历了一段少年为王却不得亲政的隐忍时期，到了亲政之后又连续与六国作战，身心疲惫的秦始皇来说，到了齐国故地，到了秦人的生命和精神的故乡，来到先祖开辟事业、建立国家、繁衍子孙的根脉之地，他的精神真正得到了放松。他感受着和秦国完全不一样的文化，感受着齐国的风土人情，人们的那份悠闲和惬意，秦始皇无疑也沉浸其中，切实感受到了幸福。

在琅琊，一个关键人物出现了，他就是徐福。

徐福像

徐福的名字第一次正式出现在史书上，是在《史记·秦始皇本纪第六》中。秦始皇二十八年，秦始皇封禅泰山，南登琅琊，建筑琅琊台。这个时候，徐福第一次粉墨登场，只不过他的名字是“徐市”。

既已，齐人徐市等上书，言海中有三神山，名曰蓬莱、方丈、瀛洲，仙人居之。请得斋戒，与童男女求之。于是遣徐市发童男女数千人，入海求仙人。

这段历史记载透露了三个关键信息：

一是徐市是齐人。这点明了徐市的籍贯。司马迁作《史记》的时候，距离徐市的年代并不遥远，还不到一百年。他不会弄错徐市的籍贯。至于这个“齐人”是齐国人、齐郡人、琅琊郡人，还是齐地人，则语焉不详，后世研究者对此争议很大。不管怎么说，徐市的齐国人身份是错不了的。从文化上来说，他传承的是正宗齐文化。他的血脉、精神家园，始终是齐国。强调这一点很重要。因为齐国是六国中最后一个被秦国灭亡的，徐市对于齐国的故国感情和秦始皇帝统一下的秦王朝，情感是很复杂的。这一点我们后面还要详细说，在这里不做展开分析。

二是徐市的名字中，“市”字和后来出现的“福”字不一致。请看下面这一段在《史记·淮南衡山列传》中的记载：

又使徐福入海求神异物，还为伪辞曰：臣见海中大神，言曰：“汝西皇之使邪？”臣答曰：“然。”“汝何求？”曰：“愿请延年益寿药。”神曰：“汝秦王之礼薄，得观而不得取。”即从臣东南至蓬莱山，见芝成宫阙，有使者铜色而龙形，光上照天。于是臣再拜问曰：“宜何资以献？”海神曰：“以令名男子若振女与百工之事，即得之矣。”秦皇帝大说，遣振男女三千人，资之五谷种种百工而行。徐福得平原广泽，止王不来。于是百姓悲痛相思，欲为乱者十家而六。

同样是在《史记》中，以客观记录历史、严谨考证史实而著称的太史公笔下，从“徐市”到“徐福”的名字变化，绝对不能简单地视为笔误或者通假。虽然只是一字之变化，但是应该引起我们足够的注意。可以理解为，其中一定经历了什么大的事情，徐市的名字才由“市”改为了“福”。

“市”这个字很值得注意，在《说文解字》中解释为：“韠也。上古衣蔽前而已，市以象之。天子朱市，诸侯赤市，大夫葱衡。从巾，象连带之形。”也就是说，是古代朝觐或祭祀时遮蔽在衣裳前面的一种服饰。能够穿戴这种服饰的人，身份最高是天子，其次是诸侯和大夫，要么是上朝的时候穿戴，要么是祭祀的时候穿戴，总之都是在很隆重的场合，举行国家仪式的时候才穿戴。以这个字命名，说明徐市的家族一定是齐国贵族。至少徐市的父、祖应该是朝廷中的高级官员，或者是专门负责祭祀的高级祭司，因此才给他起了这么一个名字，以表示他们家的身份来历不同凡响。这是一个重要信息。

三是徐市所言，海中有三仙山——蓬莱、方丈、瀛洲。这三座山，当时的方士都知道，为什么单独由徐市向秦始皇提出来呢？实际上，这里面应该暗含着更为重要的信息——徐市不但知道这三座山具体存在的方位，而且更知道详细到达三座仙山的航海路线。也就是说，他其实是一位航海家。

因此，我们有理由认为：当最初的方士兴起的时候，齐威王、齐宣王向海外求仙，徐市家族的先人们就加入其中了，而且应该是领军人物。因为在当时，要向海外航行求仙，必须有装备精良、性能足够好的船只。这样的船只通常还不是一只，而是一个小型的船队集体行动。这样的行为绝非一人、一家可以完成，一定要得到国君的大力支持才可以。

齐国在齐缗王时期，经历了一段短暂的辉煌，但随即遭到乐毅带领的五国联军联合攻击，齐国几乎灭国，齐缗王也惨遭杀害。徐市的家族大概在这个时候，选择了离开朝廷，归隐到了海边之地，专门从事航海，一来避祸，二来探求海上是否有可以栖身的世外桃源，移民以躲避战乱。因为那个时候，没有人相信齐国还能够重新崛起。事实上齐国虽然后来绝地反击，依靠田单反败为胜，但也只是偏安求存而已，再没有能力恢复昔日的荣光。徐市家族应该也没有再回归朝廷。

徐市的青少年时代，在海边跟随父亲度过。他一定不止一次跟随父亲出海，熟悉海上航船的各种技巧，掌握了娴熟的本领。还有就是在航海过程中，可能目睹过海市蜃楼。所谓的三座仙山，其实就出现在海市蜃楼中。有时候在云中，有时候在水下。那景象非常神奇，如果天气够好，甚至可以看清楚山上的情形：有长着翅膀的仙人在飞行，还有白玉砌成的宫殿，全身闪耀着铜色光芒的金龙在飞舞……

正因为徐市有着这样的本领和亲身经历，因此他才可以当面游说秦始皇。而秦始皇一听就相信了他，于是和他一起着手求仙工作的各种准备。

另外，我们还要注意，徐市当时入海，一个最主要的目的，是“求药”。

《史记·秦始皇本纪》载：“徐市等费以巨万计，终不得药。”

既然秦始皇派遣徐市是去向仙人求药，说明徐市一定精通药理。这也从侧面肯定了徐市的医者身份，他其实也是一名巫医。

关于徐福具体学医、行医的事情，不可考证，但是民间流传着这样的一些传说：

一是在江苏赣榆的“徐福村”，历史上齐国故地，也是徐姓的聚集地，流传着徐福跟随父亲学医，然后四处上山采药，给父老乡亲治病的故事。

二是在河南云梦山一带，传说鬼谷子隐居之地，流传有徐福拜鬼谷子为师，跟随鬼谷子研习医学的故事。据说是徐福听闻当地山上有灵芝草，就决心爬上去看个究竟。可是这云梦山到处都是悬崖峭壁，普通的道路都被鬼谷子设计了阵法道术，根本走不通。于是徐福决定学愚公移山，拿錾子凿台阶和手把窝，不管刮风下雨，人们总能听到山上传来“叮叮当当”的声音。直到七七四十九天，台阶和手把窝都凿好了，他顺着山道很快到了山顶。刚一落脚，眼前出现一个人——花白胡子、弯腰弓背、瘦弱的身上好像没有一点力气，只能靠拐杖来支撑，这就是鬼谷子。徐福一见，立即以最隆重的礼节，跪在地上，磕头拜师，鬼谷子见他如此心诚，又天资聪颖，就收下了他。就这样，徐福白天在山中采药，夜晚在灯下读《本草图鉴》之类的书籍。采药、炼丹、修道，经过一段时间的勤苦钻研，终于成为医术精湛的一代名家。

三是在山东青岛崂山一带，至今流传着徐福采集救命仙丹的故事。其实“救命仙丹”就是野生灵芝，据说崂山上的野生灵芝，共分为六色：赤色的主治心脏疾病；白色的主治肺部疾病；青色的主治肝病；黄色的主治脾胃病；黑色的主治肾病；紫色的主治气血病。而六种颜色的灵芝调配在一起，具有治疗多种疑难杂症的奇特功效，因此被称为“救命仙丹”。传说徐福当年找到了六色灵芝，但是并没有交给秦始皇帝，而是从这里出海东渡日本而去，故此地得名“登瀛”。

四是在日本东京都的八丈岛，岛上有一种营养丰富的明日叶，据说就是徐福当年找到的长生不老药。《广辞苑》记载：“八丈草，明日草，汉名：咸草。”李时珍《本草纲目》中记载：日本东部有个女人国，盛产咸草，叶似邪蒿，气香，味咸。女人国的国民食用咸草。王充《论衡》中记述：周朝的时候，天下太平，呈上越掌白雉，倭人朝贡鬯草。这个鬯草，就是咸草，就是徐福在丈八岛所找到的。利用自己高超的医术和在日本找到的“仙草”，徐福在日本各地治病救人，造福百姓。因此在日本徐福被更多提起、受到尊重的身份就是“司药神”。

此外，除了以上见诸史料和流传在民间口耳相传的说法，徐福的存在还有一个铁证，就是河北沧州市盐山县的千童镇，地名“千童”，源于汉高祖五年（公元前202年），曾以秦之徐福率千名童男女侨寓此邦而置“千童县”。千童县的治所，就是今天的千童镇。以“千童”作为县城之名，足见汉高祖刘邦对于徐福千童东渡一事是很重视的。这也是最早的对徐福和千童东渡这一历史事件的国家正式认证。

君臣第一次相遇

关于徐氏和秦氏，我们说了，都是嬴姓，徐福和秦始皇是真正意义上的同一个祖先。这一点非常重要，徐福从一开始，就在秦始皇心目中和燕国的卢生、侯生等方士的身份和地位不一样——他是秦始皇的族人。秦始皇对他的肯定和信任远远超出其他方士。这是一点。而另外一点也同等重要——徐福对秦始皇的感情也和其他的方士不一样。其他方士是将秦始皇作为可以利用的大客户，是来求取利益的。而徐福从一开始就是站在秦始皇一边的。他们都彼此认对方作为自己的族人，也就是一家人。一家人之间的沟通诉诸情感，要直接和高效得多。

对于二人的第一次相遇，《史记》中记载得非常清楚：徐福是方士身份，而且是在听说秦始皇到了琅琊后，主动上书的，说海上有“三神山”——蓬莱、方丈、瀛洲，“有仙人居之”。秦始皇对海上的兴趣正浓，听到神仙之事更是大为动心。毕竟他这个“皇帝”兼有人和神双重身份：在人间是帝，在天上是神。他认为自己是神在人间的化身，可是对于如何得到天上的神仙的消息，以及神仙对于自己统治人间是否满意，他还没有可靠的沟通渠道。这个时候徐福出现了，而且所说的正是神仙之事，秦始皇自然立即召见了他。

可以想象，君臣二人第一次相见就相谈甚欢。他们有共同的血缘，这让秦始皇对徐福的戒备之心大为减轻，徐福也对秦始皇有一种天然的亲近。这是第一层关系。第二层关系，是他们都信奉邹衍的学说。秦始皇是邹衍学说的忠实践行者，徐福的父亲或者祖父，则很可能曾经在稷下学宫里亲自听到过邹衍讲课，以学生的身份和邹衍有过实际上的交往，甚至有可能根本就是邹衍的朋友，彼此之间非常熟悉。这样，谈论邹衍的“大九州”学说，对秦始皇和徐福来说都是一件很快意的事情。第三层关系，就

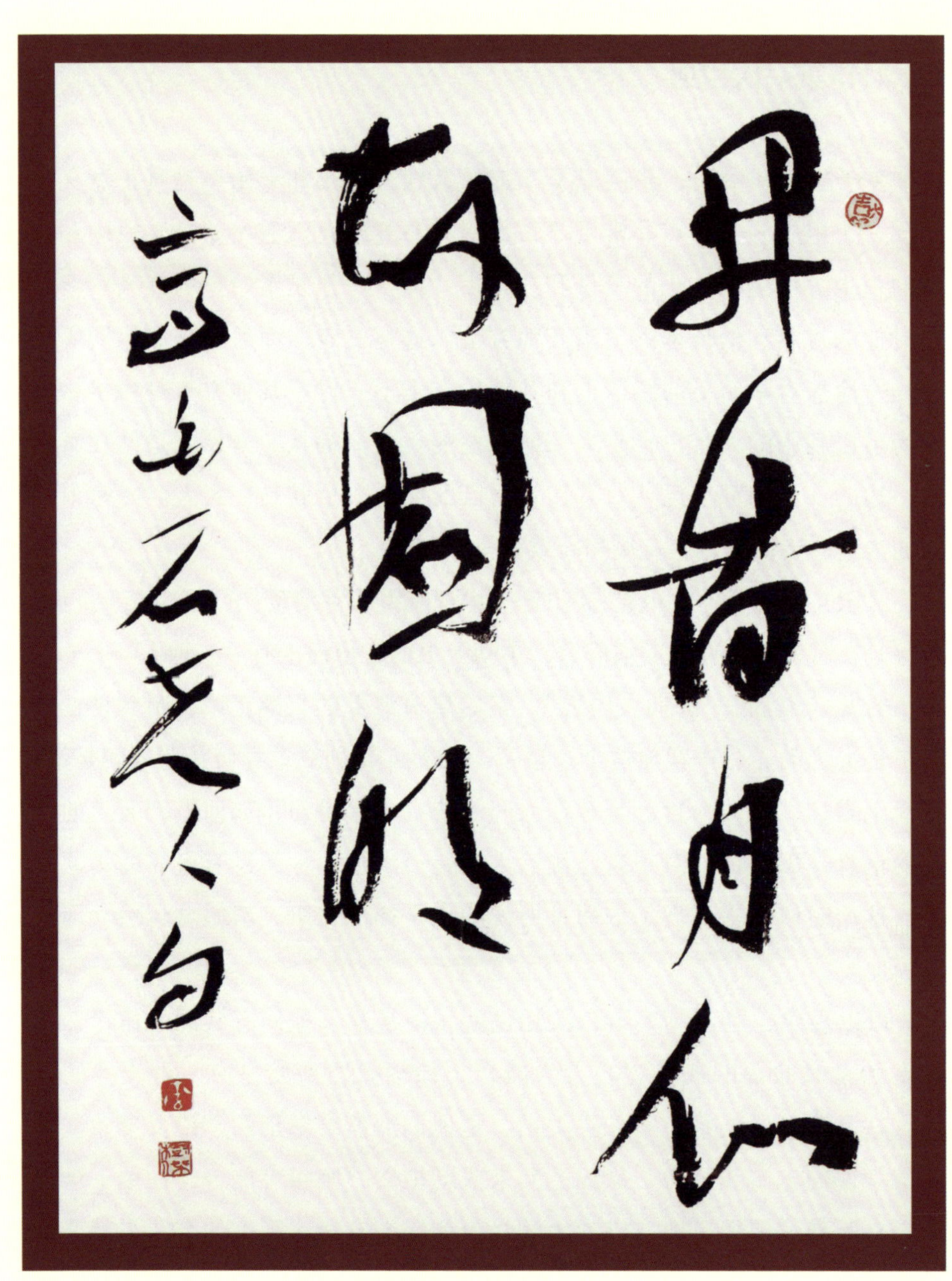

“开图月似故园明”（李树杰　书）

是徐福的医术造诣。多年来入山采药、炼制单方，在沿海一带给百姓治病，徐福的医术水平可想而知。因此他一见到秦始皇，应该就对秦始皇的身体有了一个大致上的了解——秦始皇的身体并不是特别健康。他从小体弱多病，心理上又始终郁积着很多负面情绪，所以难免会有一些肺部的疾病。二人很自然地就谈论到了健康与长寿的话题，以及神仙之术。第四层关系，就是徐福讲述自己的航海故事。他将自己行驶海上，在渤海沿岸一带所经过的各个岛屿上的大小山川，一一说来，而且说了几次自己看到海市蜃楼——传说中三座仙山的情形。“海上有三神山，神山上有仙人，仙人有长生不老之药。”请想一想，还有什么比这对秦始皇更具有神秘吸引力的呢？

因此，秦始皇几乎是第一时间就相信了徐福，答应了徐福的请求：斋戒，将自己的身体从内到外清洁一遍，精神上也进入绝对的虔诚状态，真诚地向上天禀告，然后征集童男童女，跟随徐福入海访仙求药！

对秦始皇来说，就是这么简单。他的目的是求仙药，以延年益寿。

那么，徐福呢？他第一次见秦始皇帝的时候，又是抱着怎样的目的呢？下面我们分析一下。

一是一睹秦始皇帝的真容。作为徐福来说，他和秦始皇帝同为嬴姓后人，血脉相连，从内心认为秦始皇与自己是一个家族的，是自己人。所以，听说秦始皇来到费地认祖寻宗，徐福下定决心要见上一见。他要从秦始皇的面貌和气象上，来了解为什么是他而不是别的国家的君主统一了天下，成就了这样超越三皇五帝的大事业，他究竟有着什么样过人之处。这样的一位盖世英雄，一位近乎传奇一般的帝王，对于同样抱有英雄之志的徐福来说，是英雄识英雄，他要看一下秦始皇的庐山真面目。

二是成就自己的航海之梦。徐福上书秦始皇的目的，就是要他资助自己出海求仙。我们分析过，毕竟从徐福的祖父、父亲时代起，这就是一个航海家族。出海求仙的事情在他们家一直是一件大事情，也一直在进行。这样耗费巨大人力物力的事情，仅仅凭一个家族很难完成。徐福在祖父和父亲积攒了众多航海路线和海洋气象知识的基础上，决定完成家族事业，他希望能够得到秦始皇支持，一举而成就大功。

三是徐福对访仙求药的自信。他很清楚，求仙并不是为了自己，也不仅仅是替秦始皇求药。他认为，只要找到仙山的蛛丝马迹，勘明路线以后，所有人都可以去海上找神仙求药。将神仙的不死之药带回来后，配成方子，不说天下的百姓都得到益处，至少可以挽救更多的生命，让更多的人摆脱疾病的威胁，享受延年益寿的生命欢乐。这是真正造福世人、积德行善的大事情。如果秦始皇真的如同在邹峄山、泰山等地方的刻石上所宣布的那样，一力德政和王化，那么他一定不会吝惜钱财，愿意为百姓做这样的贡献。

总之，第一次秦始皇和徐福的见面，我们称之为“相遇”。今天的我们，无从猜测二人都谈了什么，但是基本可以肯定，围绕着长寿、寻药、求仙，二人谈论的话题都与“福”相关。从为自己祈福到为百姓造福，二人的目的基本一致，志向也基本相同，这是二人能够沟通的基础，也是彼此信任的开始。这无疑是一个好的开始。

从相遇到相知：徐福的觉醒

在琅琊，秦始皇和徐福见面过后，秦始皇肯定了徐福的计划，二人就分头去准备了。徐福征集童男童女，做着出海准备；秦始皇也在忙着干一件大事——修筑琅琊台。作为皇帝，亲自监工，这工程即使不算很大，也非同小可了。秦始皇一声令下，三万户民众迁徙至琅琊，充作民夫。徐福需要的数千童男童女，自然一大部分出自这些家庭。

不到一个月时间，琅琊台建造起来了。接着，匠人们又马不停蹄地施工——建设皇帝居住的行宫，车马行走的御道，斋戒沐浴的所在，忙得不亦乐乎。

当然了，工程虽然是皇帝亲自监工，却并不需要皇帝动一根手指头。因此，这段时间，秦始皇每天唯一需要亲自做的事情，就是眺望大海。每天站在高高的琅琊台上，望着天地之间苍茫的大海，感受着扑面吹来的海风，听着鸟儿的啼鸣。偶尔在海上云雾起来的时候，还能隐约看到一些神奇景色。至于天气晴好，极目远眺，也会看到远处似乎有亭台楼阁……海上的景色是如此壮丽，又是如此令人心旷神怡。秦始皇疲惫的身体得到了休息，精神也得以飞腾在辽阔的山海间。

这期间，他召见最多的自然还是徐福。徐福除了汇报筹备工作的进展情况，就是陪着秦始皇说话。秦始皇乐于将自己的雄壮之志讲给徐福听——他不仅仅满足于当这个中国赤县神州的王，他还要做九九八十一州的王，真正做千古无人、后无来者的千古一帝。因此，他希望徐福的船队在航行的时候，一边寻访神仙，一边留意寻找中国之外的大州。如果遇到那里有风土人物，都要记录下来，回来向自己一一汇报。

作为航海家的徐福，志向本来就不小。只是和秦始皇比起来，他发现自己的志向还是太小了。仅仅只是寻找仙人而已，却没有想到去真正寻找邹衍所说的大九州，更没有想到如秦始皇般，将德政和王化传播到中国以外，让包括中国在内的大九州都广受恩惠。

如果说在这之前，徐福对秦始皇是否是一位“暴君”，还是有疑惑的，那么经过这一段时间的朝夕相处，徐福对秦始皇的认识又有几个变化：

第一个变化，徐福认识到，秦始皇的确是一位雄才大略的君主。他给自己定的尊号是“皇帝”，皇就是大，是天；帝是古代先王，是五帝。他认为自己是秉承天的意志，传承先王的品德，从而成为现在这个辽阔无边的大帝国的独一无二的皇帝，建立了天下地上、直追先王的不朽功业。他不是神，但他却将一个大写的人所能做到的事情发挥到了极致。人的秉天地而生的创造精神，人的开拓和进取精神，人的追求和梦想精神，所有这一切都在秦始皇身上焕发出了最耀眼的光芒。

第二个变化，令徐福感到不可思议的是秦始皇的“勤政”。本来作为君主，天下已定，功业已就，可以高枕无忧，安安稳稳地享受人间太平了。可是秦始皇却没有一天是闲着的，每天从全国各地飞马送来的文书、急报、大臣的奏章、建议、请示或者报告，堆满了秦始皇的案头。所有文件在秦始皇那里是从来不过夜的。他日理万机，兢兢业业。然而他的身体又并不是那么强健如牛，肺部的疾病始终困扰着他，令他疲惫而痛苦不堪，他却立志要做人间最伟大的君主，甚至做天、地、人三界的总君主。天上地下，一人而已。真要做到这一点，可不是那么容易的事情。

第三，也是徐福亲身感受最深的一点，是秦始皇对待包括自己在内的人才态度。秦始皇统一六国，杀伐无数，不知道多少个国家的壮丁被杀。秦以人头计军功，每一仗下来敌方军队都死伤累累，惨不忍睹。因此在很多人心目中，秦始皇一定是一位嗜血如命的暴君。可是，实际上秦始皇对待被灭亡国家的君主，例如赵王、齐王，除了迁离故国之外，都给予了很好的待遇，并没有简单粗暴一杀了之。对于人才，秦始皇更是礼待有加，一旦委以重任就深信不疑，像是尉缭、李斯、王齮、茅焦、桓齮、王翦、昌平君、昌文君，以及出身低贱的姚贾，只有12岁的小甘罗等，秦始皇都能够做到任人唯贤，人尽其才，才尽其用，用当其时。再加上将20万大军交于李信，将60万大军交于王翦，将30万大军交于蒙恬，他也是只要他们去尽情施展才华就好了，并没有派人日夜监视，也不过问他们如何行军布阵，可谓充分信任。

对于徐福，秦始皇同样如此。只要提出要求，基本都是答应的。秦始皇的态度，并不是高高在上，独断专行，而是遇到自己不懂的地方，就虚心求教；如果一定要发表自己的意见，也是考虑再三。但只要是他决定了的事情，就再也没有任何回转的余地。

当这样近距离接触秦始皇，面对着这样一位统一之君、天下之主，徐福不能不心生感慨。如果没有他，也许天下的战乱不会这么快结束；六国纷争，数百年战争不断，生灵涂炭。乱哄哄的争斗局面得到终结，实在不是一件容易的事情。如果让秦始真的这么长久地统治下去，励精图治，君臣同心，那么大秦王朝一世、二世、三世，一直到万世传下去，不就是王化之国、理想之治吗？人民只需要各按本分，从事生产和劳作就可以了。那样一来，人们所剩下的敌人只有一个，就是共同面对的疾病威胁。

这样一来，徐福的出海求仙，访求仙药，就具有了更为重大的意义：不但秦始皇和徐福等君臣延年益寿，百姓也因此而获益，天下没有战乱，人们将得到长生，等于是人和神之间又重新恢复到了上古时代的共处关系。从颛顼“绝地天通”以来，《山海经》中的美好世界岂非又重现了？

当从这一个角度去重新认识秦始皇，徐福忽然发现，不知不觉中，他已经觉醒了！

第一个觉醒，他忽然意识到，自己现在已经不是一个齐人，而是一个秦人，大秦已经成为中国的一个辉煌而伟大的代名词，秦始皇的梦想就是中国的梦想，是所有人的梦想。中国之大，自三皇五帝以来，基本上没有改变，但现在将向中国之外的其他九州再次开疆拓土；中国之治，从颛顼帝之后人和神再也没有密切无间地沟通过，但现在将回到少昊帝的时代，炎黄和蚩尤的时代，甚至更早的伏羲神农女娲时代，那是人类真正的黄金时代，也是永远的精神家园！

如果说徐福此前只有“齐国”意识，现在则具有了“中国”意识，也是第一次真正意义上的国家意识。在和秦始皇朝夕相处的两三个月中，他被秦始皇打动了，也被彻底改变了。

第二个觉醒，他从一位方士变成了一位使者。这两个身份所代表的意义截然不同。方士代表的是自己，依靠自己的学识和经验，去航海、寻药、求仙，一旦找到仙人求得仙药，就可能成仙，飞升而去；使者则不同，代表的是国家，代表的是百姓，是作为一国乃至天下的百姓，去向仙人求药。求得仙药也不是为了自己飞升，而是为了百姓延年益寿。

在此之前，徐福心里装着的只是齐国的百姓。现在，他经过和秦始皇的连番晤谈，有了“国家”和“天下”的概念，他意识到，对所有的生命，对天地万物的存在，都应该一视同仁，心中要有大爱、大善，要做一番更为广阔和壮丽的事业，这是他此前从未想过的。

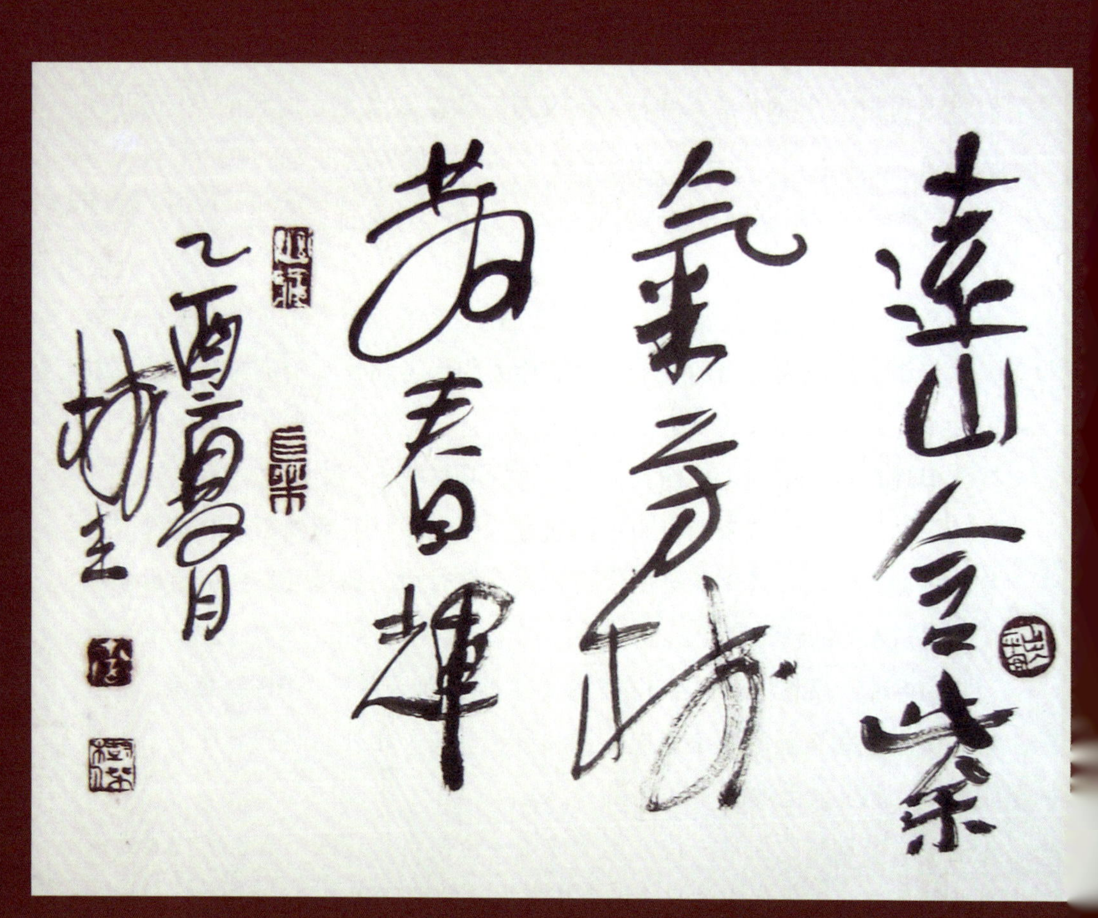

“远山含紫气　芳树发春辉”（李树杰　书）

第三个觉醒，他所理解、传承和实践的齐国的福文化，也提升到一个新的、更高的层次。“计利当计万世利”，秦始皇之所以能够成为千古一帝，就是因为他有着远远超越常人的远大目光和宏伟构思。他继承父祖之志，统一天下、结束七国争雄的纷乱局面，他统一度量衡，书同文，车同轨，建立万世一系的大帝制；为了让人民永远安享和平，他马不停蹄地派人北击匈奴，南征百越，又亲自西巡、东巡，将所有可能威胁到大一统国家的风险因素一一排除。他着眼的始终是整个天下，是亿万黎庶。本来在徐福看来，邹衍的理论虚无缥缈，大九州更是遥不可及，但秦始皇帝却作为一个忠实的践行者，将其变成了现实。如今他更要用自己远超先古帝君的“德”，让中国成为九九八十一州的中心，成为协和万邦、万国来朝的中央之国。在秦始皇那里，百、千都不足以喻其大，他最喜欢的是“万”。

也因此，当徐福将以齐国为实践主体的“五福文化”拿来和秦始皇帝交流，就觉得“五福”太小了。对个人来说，如果五福临门，那是足够幸运了；但对秦始皇来说，他要关注的是亿万百姓，是整个大九州的天下万民，“五福”就不够用了，而必须用“万福”，造万福，造万福，以万福赐给万民，福泽万邦，福传万世，让子孙后代永远享用不尽。

最终，在一切筹备完毕之后，在秦始皇的亲自送行下，徐福带着数千童男童女，率领浩浩荡荡的船队，从琅琊港启航出发了。船头，徐福和众人对着岸上的秦始皇下跪磕头，以示告别。琅琊台上，秦始皇高高地扬起手，似乎在欢送，又似乎在坚定地指向苍茫的大海之上……

饶安赐福：不为人知的君臣秘密相约

徐福出海之后，秦始皇在海边等了一些时日，然后就返回了咸阳宫。

第二年，秦始皇又一次东巡，来到琅琊，途中遭遇袭击。他惊魂甫定，就急忙到琅琊寻访徐福的踪迹，看是否出海归来。

济州岛西归浦正房瀑布摩崖石刻“徐市过此”，一说“徐市起礼日出”（方毓强　摄）

君臣再次相见时，徐福告诉秦始皇，自己第一次航海并不顺利。虽然差一点就成功了，还在海上看到了神山的影踪，但是在向前接近的时候，一连几次都没有成功。那神山有时候在水面上，有时候不知道怎么又到了水面下。后来海面上风云突变，船队遭遇了大风暴，漂流到了一个大海之中的岛国上。那里的人们和中国人差异很大，不但说着听不懂的语言，而且还处在刀耕火种的原始阶段，根本就是未开化的蛮族。不过虽然是蛮族，但却救了徐福和他们的船队，对他们非常友好，彼此之间建立了很深的情谊。最后送他们踏上归途，赠送了一些礼品。可惜船队在归途中又一次遭遇风暴，勉强算是保住性命回来。

虽然没有成功，但这是秦始皇第一次听到大海之外的消息，他自然不会怪罪徐福。令秦始皇激动的是，他以前一直听说有一个祖洲存在大海之外，祖洲上的人也是嬴姓，很有可能就是少昊帝在海外建国立都的地方。如今徐福证实了海外之地，有人居住，那么祖洲应该是真实存在的，如果可以找到同为少昊后人的族人，岂非一件天大的好事？这样，他给徐福所下达的命令也更加具体了——寻找仙人，求取仙药，找到祖洲，沟通少昊族人，认祖归宗，赤县神州与祖洲合二为一。

被这样一个崭新的、更加具体的计划激励着，秦始皇立即打开海图，和徐福一同研讨新的出海路线。根据神山在海上出现的大致位置，制定新一次的出海方案。

这一次，秦始皇和徐福选择的出海地点是芝罘。在途中，秦始皇登上了成山，祭拜了日主。日主是齐国的八神主之一，成山在东夷文化中，也是祭祀太阳神的一个重要所在。秦始皇在这里仔细观看了日出。对于以前只存在于传说和想象中的“日出之地”，他也有了一个更加清晰的概念。他确信祖洲一定是可以找到的！

令秦始皇激动的是，在芝罘，他有机会目睹了海市蜃楼，看到了云雾之间的神山。于是，他迫不及待地催促徐福再次出海。

在芝罘一带，秦始皇又一次目睹徐福的船队扬帆出海，才放心返回了咸阳宫。

第二次渡海，显然又没有取得成功。因为当时受限于基本的技术条件：一是没有罗盘，所以只能在沿着近海的视线范围内摸索行进，每经过一个差不多大小的岛屿，就要停下来，上岛巡查寻找，看是否有人居住，是不是有淡水补给，是不是有药效奇特的仙草、仙药一类。二是没有动力，仅仅靠人摇橹在大海上航行实在太困难了，更多的是靠风力。可是海上的风暴是最无常的，经常一阵大风刮起，船队就不知道给刮到什么地方去了，很多时候只能靠着辨认日月星辰确定方向。徐福和他的船队有时候在渤海，有时候又出现在东海，在很多地方都留下了他们的踪迹，留下了他们一次次出海的足印。

可以确定的是，在接下来的几次航行中，徐福确定了一条基本路线，即从中国北方沿海一带出发，首先经过一段时间航行来到朝鲜半岛。这是一段无数商人早已勘探出来的海路。在朝鲜半岛，也有传说中的三神山踪迹。例如朝鲜古代人就认为，三神山在朝鲜，蓬莱就是金刚山，方丈就是智异山，瀛洲就是济州岛上的汉拿山。徐福当时应该从海上通商的商人们口中听说过这个说法，所以率领人在济州岛登陆。

今天，韩国的济州岛还流传着徐福渡海的传说，例如徐福船队第一次到达济州岛，在登陆处的岩石上刻下了“朝天”二字。在济州岛上岸后，登上了汉拿山，并且找到了“岩高兰”，将其称为“灵芝”或者“灵草”。汉拿山也一度被认为是“瀛洲山”。在正房瀑布，徐福见到景色壮美无比，在岩石上刻下了“徐市过此”——另外有一种解读是“徐福起礼日出”，至今字迹尚存。

徐福在济州岛大概停留的时间有点长，有一部分人认为瀛洲和仙草都找到了，想要归家；也有一部分人认为这个地方很适合居住，不想再返回中国了，因此，经过商量之后，三个姓氏的童男童女“高、良、夫”留了下来，在济州岛上繁衍子嗣，生育后代，成了济州岛人的三位始祖。岛上至今留存“三姓穴”，当地居民每年10月都要在正房瀑布前举办祭祀活

位于日本佐贺县金立山上的金立神社上宫
（普书贞　摄）

位于日本佐贺县金立山上的金立神社下宫（普书贞　摄）

动。实际上，这也是历史记载的徐福航海团队中，第一批正式移民到济州岛的。我们说过徐福的队伍中始终有想要移民海外的王公贵族、齐国的遗老遗少，这批人应该是其中的一部分。

当徐福带领船队的其他人，带着从汉拿山寻找到的仙草、仙药等返航的时候，所离开的渡口，被称为“西归浦”。徐福团队在济州岛的活动痕迹和关于三姓（也有说三对童男童女）的历史传说至今尚存。

回到中国之后，徐福东渡的脚步并没有就此停止。毕竟，他的航海之梦，按照邹衍的理论探寻“大九州”的想法还没有完全实现。他没有找到少昊建立的海外之国，找到嬴姓的同族后裔。

中间，徐福又一次抵达日本，在佐贺一带成功登陆。这是一次巧合。传说徐福在遭遇风暴之后，被洋流带到一个地方。因为不知道应该向哪里走，就向上天祈祷，然后将一只杯子放到水中，跟着漂流的杯子而走，最终在杯子止住的地方成功登陆上岸。至今，在日本的佐贺县尚且有“徐福上陆地”“徐福洗手之井”和徐福亲手种植的古柏。在这里，徐福等人发现了一座神山——金立山，山上有很多奇异的药草。于是徐福率领众人在这里停留下来。

徐福很快就和当地土人打成一片，而且还和土人首领的女儿阿辰有了一段缠绵动人的爱情故事。可徐福实在太忙了，无暇沉醉于儿女私情。以佐贺作为根据地，他又进一步向周围拓展，足迹所至遍布今天的鹿儿岛县、熊本县、宫崎县、福冈县、山口县、广岛县、高知县、三重县、和歌山县、爱知县、京都、奈良县、东京都、静冈县、山梨县、秋田县、青森县，一共在日本的17个都道府县的56个地方留下了遗迹。而这差不多费去了徐福七八年之久的时间，实在是非常辛苦。

就这样，经过详细而全面的考察之后，徐福基本上可以肯定，日本就是《山海经》中记载的少昊建立的日出之地、海外之国。在这片土地上生活着的当地人，是少昊的嬴姓后人，也是徐福的族人。

当他亲自确定了这一结果后，又一次启航返回中国。

这时候，已经是秦始皇三十七年（公元前210年）。徐福刚一回来就听到了一个令人震惊的消息：秦始皇刚刚在咸阳坑杀了460多名方士和儒生，原因是秦始皇一直很信任的燕国方士卢生、侯生等人，在花费了大秦巨额的资金寻找仙人无果后，脚底下抹油溜了。确认自己被骗后的秦始皇震怒不已，立即下令大肆坑杀方士。

之后，带着震怒、失望之情的秦始皇又一次来到琅琊，期望能够得到徐福的消息。也许在他心目中，徐福才是唯一可以值得信任的方士吧。尽管他也发过牢骚，说徐福花费了国家巨大的费用，却一直没有找来仙药，但是他还是对徐福抱有希望的，所以才以带病之躯千里奔波，从咸阳来到琅琊。果然，徐福没有令他失望，不但在这里等着他，而且给他带来了他最想听到的消息。

一是仙药。徐福告诉秦始皇，自己不止一次地看到了蓬莱山，可以确定，蓬莱山上一定有可以令人长生不老的仙药。只是在蓬莱山脚下，总有令人讨厌的大鲛鱼出没，船只无法靠上前去，因此希望秦始皇能够帮助制造一种威力巨大的连弩，可以一举击杀鲛鱼。只要解决了鲛鱼问题，就能够登上蓬莱山，见到仙人求药，一切不是问题。

关于这一点，不知道是不是徐福的杜撰。经过将近十年的海上航行，他应该很清楚，这个世界上并没有神山，也不存在神仙。延年益寿的药草，他的确找到了一些，可是要说长生不老，那根本不可能。如果将这些药草献给秦始皇，吃了并不能够药到病除，甚至出现难以预测的后果，秦始皇一定会震怒，将他杀掉。

再者，徐福以自己的医术之能，这次一见到秦始皇就应该知道，这位始皇帝已经病入膏肓了。一如当年扁鹊见齐桓公，望气就知道其无药可救。仅仅是为了安慰秦始皇，徐福才编造了这么一套善意的谎言。

关于鲛鱼，那倒是真实存在的。徐福在海上见到过不知道多少的大鲨鱼。

二是瀛洲。徐福知道秦始皇其实最关心的，还是寻找瀛洲和海外族人的事情。他将自己在日本岛上各个地方的所见所闻，都早已画好了地图，详细描述各地风土人情、名山大川，以及各种草药、粮食作物、人口等情况。这才是真正需要向秦始皇汇报的东西——日出之地，少昊故国的嬴姓族人找到了！在文明和文化上，这些人还处在茹毛饮血、刀耕火种的时代，和少昊时代没有太大差别。不像是大秦国的百姓，已经享受着高度发达的文明和文化，进入王化之治了。所以，他们迫切需要大秦的嬴姓族人们，提供给他们稻谷和铁器、医药等，帮助他们摆脱原始和愚昧的状态，进入一个更高的文化和文明阶段。

听徐福一说，秦始皇帝又是高兴，又是担忧。高兴的是果然找到了少昊后裔，嬴姓果然在海外有族人。既然是同宗同族，就应该互相帮助才对。担忧的是，只可惜自己的身体不好，不能够亲自坐船到海那边去巡视一番了。不过也没有关系，自己不能亲去，就让徐福代劳好了。

君臣一番密谈后，立即制定了一个惊天动地的大计划——由徐福率领数量众多的童男童女及一支由武士、百工百匠组成的浩大使者队伍，带着精选的五谷种子，以及各种农业、工业冶炼器械，所有能够代表大秦文明的思想文化典籍、礼器乐器等，再次渡海。这一次的目的非常明确，就是要将大秦的文明和文化一股脑地带到日本去，帮助那里的嬴姓族人大幅度提高文明程度，尽快过上和秦人一样的幸福生活。以万福造福万民，始终是秦始皇帝和徐福的共同的宏大追求。

被这个崭新而宏大的计划激动着，秦始皇已经近乎干涸的生命力又一次蓬勃起来。他当即发出了一连串的指令：自己亲自督促建造捕捉大鱼的工具，设计连弩；再让徐福前往饶安邑，在那里征集童男童女、百工百匠，招募武士等，并且在无棣河口的入海口一带，建立了一座丱兮城，专门安放童男童女以及跟随孩子前来的几千户人家。

在这里，我们还有一个自己的观点：为什么徐福最后一次出发，征集童男童女和集结百工、百匠是在饶安邑。因为这一次是为了帮助海外的嬴姓族人，是少昊后人之间的一次族群大联欢，所以选择跟随徐福去日本的，基本上都是少昊后裔，而这样一个庞大的族群，在饶安邑这个少昊故里、后裔聚集之地进行征集和选择，就再适合不过。而饶安邑这里的父老，听

1997 年 4 月 28 日，参加信子节的中外学者参观斩鲛场遗址

说要大规模去援助海外的嬴姓族人，自然都是兴高采烈的。任何一个人家的孩子被选上，都是光荣和自豪的事情，何来怨恨？

终于，一切准备就绪。秦始皇带着他亲自设计、命人制作的连弩，来饶安邑和徐福会合了。有趣的是，日有所思，夜有所梦，秦始皇甚至梦见，自己见到了海上的海神，海神身躯高大威猛，身上披戴着金色的盔甲，手中执着戈矛，不允许秦始皇到海上去求仙。秦始皇大怒，自己是天上地下唯一的王，区区一个海神，也敢阻挠自己？他披挂上阵，和海神作战，最终将海神击败。这个梦给了他巨大的信心，他来到饶安、丱兮一带，视察了徐福的准备情况后，又和徐福一起出海，去试验连弩的威力，看能不能射杀大鲛鱼。经过在沿海一带搜索，果然发现了大鲛鱼的踪迹。秦始皇亲自发射连弩，将鲛鱼给杀掉了。从海中拖上来的大鲛鱼尸体，足有几十米长。秦始皇至此才算长长地出了一口气，不管怎样，此前几次都遭遇失败，如今去往蓬莱仙山的障碍总算清除了。

将大鲛鱼的尸体拖回港口，展示给百姓看，乘着战胜海神、射杀鲛鱼的胜利之威，秦始皇命令徐福立即择日启航，去完成神圣而伟大的使命。

临别之际，秦始皇单独召见了徐福，君臣二人秘密讨论了几个问题。

一是关于秦始皇的病情问题。秦始皇如此三番五次派徐福出海，不惜花费重金，一个重要的目的是求药，这一点从未改变。而现在，他的身体已经很不好了，他不知道自己还能撑多久，能不能等到徐福真正将仙药求回来。对此，徐福给予了肯定的回答，始皇帝的身体无碍，一定可以等到自己回来。他这么说有安慰的成分，但秦始皇这时候心情正好，精神自然也清爽，因此觉得自己的病情好了许多。其实，他已经是回光返照，只是被这最后一件大事激动着，支撑着不倒下去而已。

二是关于徐福去日本代秦始皇推行德政王化，将大秦集大成的中华文明、文化传播到日本去，为当地嬴姓族人带去福利和福祉的问题。这个主旨是非常明确的，所以秦始皇嘱咐徐福，即使带着武士，也不能够随便动用武力，而是要用和平的方式让当地人接受中华文明。因为福文化和酒文

2006 年 10 月 1 日，中日友好学校建校十周年纪念活动结束后，
日本圆福之友会签原尚夫一行在千童祠合影

化一样，是一种和平的文化，是祥和的、平安的、友善的、美好的文化，推广和传播福文化，就是要给普天之下所有的人带去长寿、财富、健康、安宁，在天人和合的美丽环境里，自由自在地生活，尽享生命的欢悦，传宗接代，繁衍生息。

三是赐给徐福信物。既然徐福是代表自己去推行德政王化的，应该有信物。秦始皇早就想好了这一点。他赐给徐福的第一件信物是自己的画像。这一点在日本《唐土大明神之由绪——宝历五年十月》中有记载：“本朝第六代孝安天皇时代，秦始皇为求长生不老药，委任于徐福。出发的时候赐予了徐福秦始皇的肖像画。徐福到达日本的九州筑紫后，虽说到达了东方之国，但是由于坏人从中作梗而最后失败，不得已决定回国。作为纪念而将秦始皇的肖像埋入当时所在地后面的鹰取山中的大岩石之下，之后便离开了。”这个记载很重要，在富士山脚下，据说还出土了秦始皇时代的古老印鉴，应该是徐福当年在富士山大火中失落的。秦始皇希望大海那边的嬴姓族人可以看到自己的画像，所以很早就秘密找了画师，将自己的画像给画好了，赐给徐福。

秦始皇帝赐给徐福的信物还包括以下物品：

剑，这是一定会有的。当时，中国的兵器冶炼工艺已经相当成熟。秦始皇统一六国，将天下的兵器搜集起来集中销毁。而所有兵器中最上乘的神剑，一定都归其所有。因此他赏赐给徐福的，一定包括一把削铁如泥的神剑。我们可以参考日本皇室“三神器”中的“天丛云剑”，据说此剑曾经用来斩杀大蛇，连日本最有名的诸神之剑——十拳剑都比不上它。当年天孙降临，天照大神赐予其天丛云剑，它无比锋利，具有无上威力。

玉。玉是和天地神灵沟通的媒介，最早时候的巫就是持玉而舞的人。徐福凭借这块秦始皇赐予的玉，可以和天地神灵沟通，也可以和嬴姓的列祖列宗沟通。可以想象在举行重大祭祀仪式的时候，他不止一次地将这块玉托在手上，举过头顶，持玉而舞，通过这个媒介沟通隔海相望嬴姓族人的精神世界。

一面镜子。镜子是制作精美的青铜镜，而这种制铜的技术和原料都不是日本所有的，只能从中国传播而来。徐福携带一面镜子的意思，是作为一件礼器。镜子可以正衣冠，暗示端正自己的品德，正心正人。

可以看出秦始皇对徐福是完全信任的，而徐福对于秦始皇，也是完全真诚的。

对于秦始皇的厚爱和信任、肯定与重托，徐福自然也要给出自己的承诺。主要有以下几个方面的内容：

一是仙药。既然大鲛鱼已经除掉，此去蓬莱仙山再无阻碍，仙药一定可得。自己一旦取得仙药，一定会第一时间带回来，请秦始皇放心。这个承诺是必须要有的，因为这也是秦始皇最为关心的，不可以含糊其词。

二是时间。此去之行，徐福与秦始皇约定的时间是三年。这主要考虑的是稻谷作物的种植和收成情况。徐福此前已经考察过日本岛上的平原地带，应该也试种过一些水稻。这一次是准备大规模种植，因此才征集了一批有经验的农人，带着各种优质的农作物种子。根据日本方面的研究表明，虽然日本很早就有稻作农耕，但是局限在西部九州一带。要从一个区域推广到全日本岛，大规模普及栽种水稻，形成稻作文化，靠自发是不可能的，一定是有组织、有规模、有计划、有步骤地推广进行才可以。因此，经过对日本的稻米品种鉴定，尤其是分析稻田遗迹及出土农具等，可以断定，的确有一个大规模的外来集团，给岛上带来了成熟和先进的稻作技术和文化，从而使得日本岛上的居民迅速从以渔猎捕捞为主转入到了稻作农业，并普及开来。这样的外来集团，与历史记载吻合的只能是徐福东渡集团。

三是教化。徐福此前考察过日本岛上的居民情况，知道在岛上也分布着不同的人群：有岛上土著，有少昊后裔，有晚于少昊后裔，其他时期如殷商灭国之际，以及秦灭六国，大批的遗老遗少从中国渡海移民，还有从朝鲜等地方移民而来的。这是一个非常复杂的构成。各个群体的文化背景和文明程度不一样，生产力水平也不一样。彼此之间为了争夺资源，难免会不断地爆发冲突和战争。这也是徐福坚持带武士到日本的原因，要推行德政和王化，就要和中国一样，将天下统一，建立一个类似于大秦一样的国家，统一语言和文字，统一度量衡，统一基本的礼仪和保障国家稳定发展的法律制度。对徐福来说，这是一个光荣而伟大的梦想，也是一个充满未知的挑战。但是一个基本的前提是要采取和平的手段，以德化人，收服人心，其目的不是征服，而是推行实践中华文明和礼仪，传播和推广中华福文化，让福文化落地生根，开枝散叶，福传万代。这无疑是一个艰巨的任务，也是必须要完成的任务。

那么，后来徐福完成了这个任务吗？我们没有直接的答案，不过可以找到很多确凿无疑的证据。今天，不管是在韩国的济州岛，还是在日本的各个留有徐福遗迹的地方，人们都还保留有对徐福的古老记忆。那些记忆是温馨的，是感激的，是柔软而温暖的，是不舍和眷恋，是祝福和追思。有关徐福的文字记载，不管是韩国的还是日本的典籍，都是徐福如何求药，如何传播医术，如何推广稻米种植技术、传授房屋建筑技术，以及留下某些神秘的祭祀仪式，唯独没有战争，没有一起和当地人的冲突。这是一个人类历史上罕见的现象，甚至可以说是独一无二的。我们将目光投向世界范围内的人类文明发展史，将中国的徐福和西方的探险家哥伦布、麦哲伦等人一比较，就会发现他们发现新世界、新大陆的过程，是伴随着血和火、死亡和战争的，是暴力而血腥的。徐福在将中华文明和文化传播到海外的过程中，却是彬彬有礼的，是温和而友善的，是温情而美好的，是平等和真诚的。后世不管多少代、经历多少年，中华文明和中国文化的对外传播始终是和平的、友善的、可亲的！这就是福，是中华之福，亦是世界之福，人类之福！

这就让我们不由得重新打量秦始皇和徐福，在他们相似的思想意识里，在他们的心灵深处，都根植着一个顶天立地的、大写的“人”的意识。而这个“人”，亦是从周取代商以来，所确立的天、地、人三位一体居于中间的那个“人”，是不再作为“神”的奴仆而作为“神”在人间的化身存在，是具有鲜活的生命热度和情感温度的真实而完整的人。

正是基于对人的生命主体地位的肯定和尊重、对于人与人之间沟通交流需要的满足，对不同的人群之间可以共享更为高级的文明和文化的美好想象，所以秦始皇才派出了徐福，带着一支庞大的队伍渡海出发。也正是这一善良的愿望和美好的初心，决定了这不是征服，而是交流；不是掠夺，而是给予；不是对抗，而是合作；不是威压，而是感化。以福作为媒介和桥梁，天人相通，人心相连，天地人和，至于恒久！

我们有充分的理由相信，正是在最后一次分别的时候，秦始皇做出一个决定：为徐市赐名，将在他和徐市心目中具有重要意义和特殊分量的“福”字郑重其事地赐给了徐市。从此，徐市变成了“徐福”。这个赐名也昭告天下：徐福东渡，是为皇祈福，为民祈福，为国祈福，是将中华之福向海外传福，为海外的百姓造福。

终于，一切都准备好了。根据《盐山县志》记载，在农历三月二十八日

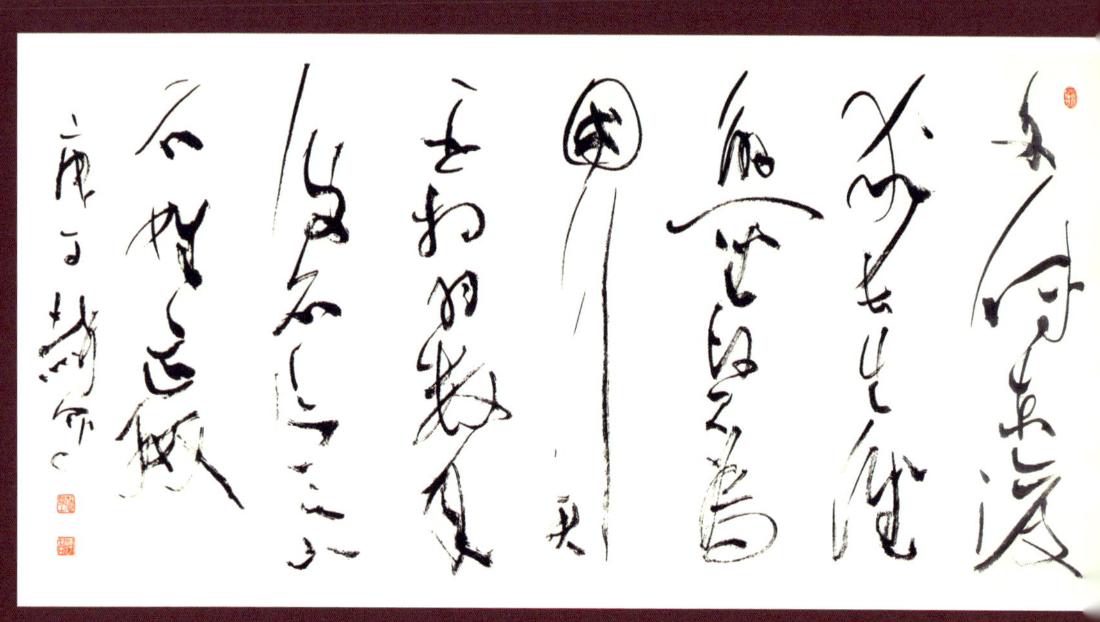

“多传东渡求长生，谁解圣贤为国行，君臣相约数年后，不信天下不姓嬴”（李树杰　书）

这一天，徐福的船队从饶安启航，秦始皇亲自为其饯行。

君臣痛别，举觞尽饮，泪湿衣襟。再三拜别之后，徐福起身下阶，登上大船，渐渐驶出了众人的视线。人们隐约可以看到，徐福跪在船头上遥遥冲着秦始皇磕头，秦始皇则在岸上久久伫立，出神地眺望着海面，似乎他的精神和魂魄，也跟随着那船队，飞舞于海面之上，劈波斩浪而去……

徐福走后，秦始皇又在饶安停留了一些时日。一是继续休养身体，二是想等一等，看徐福会不会很快有消息传来。毕竟大鲛鱼已经被射杀，如果快的话，一两个月应该就可以往返蓬莱仙山。这也是秦始皇最后的希望。后来，他的病情实在不容许他再拖延下去，才不得不带着遗憾，抱病启程，返回咸阳，结果谁也没有想到，秦始皇刚走到沙丘平台，就驾崩归天。他终于还是在自己的祖先少昊帝当年建立国家的地方，停下了脚步，灵魂跟着先祖的召唤与牵引，圆满安详地回归了这故国、家园……

而此时，徐福和他的东渡团队，已经抵达日本岛上，开始按照他和秦始皇约定的宏大计划，推广中华文明和文化，实施德政和王化了。

多年以后，本书作者之一的李树杰老师，有感于秦始皇和徐福之间这一番君臣相遇、相知、相约，在经历一次光怪陆离的梦境后，作成一诗：

多传东渡求长生，
谁解圣贤为国行。
君臣相约数年后，
不信天下不姓嬴。

（注：这里的嬴，是共赢的赢，取其文明和文化交流互鉴，共同发展之意。）

第八章　徐福千童东渡对福文化的传播（下）

徐福千童东渡，既是文明和文化的交流，更是不同文明和文化之间的融合。

韩国最高峰济州岛汉拿山又名瀛洲山（方毓强　摄）

韩国济州岛：三神人与三姓童男童女

韩国济州岛古称耽罗，也是传说中叫瀛洲的三神山之一。

根据耽罗瀛洲志《高氏世录》记载：在汉拿山北边的三姓穴中，居住着三位神人，分别是高姓、良姓和夫姓。他们以打猎为生。一天，一只船忽然来到这里，有三位公主从船上走了下来，还带来了五谷种子和小马驹、小牛犊等五畜。随行使者上前告诉三位神人："奉碧浪国国王的命令，送来三位公主和你们完婚。"然后，三位神人就和三位公主举行了婚礼，之后繁衍后代，建立了耽罗国……

根据韩国专家学者考证，这三位"神人"是真实存在的。现在他们的后代依然生活在济州岛。高氏在韩国149个姓氏中，居第21位，在高丽、朝鲜时代就已经是名人辈出的名门巨族；良氏居第25位，并且

济州岛三姓穴（方毓强　摄）

开枝散叶到新罗、高丽、百济等，也是名人辈出；关于夫氏的记载不多，但是在朝鲜时代也出现过不少的夫姓官员。可见三大姓氏都在很好地繁衍，他们的后人也一直祭祀着祖先。

关于济州，有正规历史记载的是秦朝后期，因苦役难以忍受，一些秦人逃亡到了济州岛。《三国志·魏书》中专门记载了流亡到这里的秦人，还有一本在民间流传的手册《秦之亡人避秦苦役到韩国》。这些人被称为“州胡”，身材矮小，穿着动物皮衣，靠狩猎、采集植物的果实和打鱼为生，但应该比三神人为晚，而且不是三神人部落成员。因为传说中的三神人“身高八尺，膀大腰圆，身强力壮，容貌非凡”。这是标准的童男长大成人后的美男特征。即使同为渡来人，他们也有着身体上、智力上的明显区别。

综合《高丽史》《瀛洲志》记载，一个非常清楚的事实是：韩国的童男和日本的童女之间的联姻，是受到碧浪国也就是日本国王的指示而进行的。这三姓应该不是三个人，而是三个姓氏部落的人。他们从日本携带着五谷种子和牲畜而来，这正好和徐福最后一次东渡，带着五谷种子在日本登陆相吻合。这是徐福推广海外德政王化的一部分。

济州岛徐福登陆地朝天浦（方毓强　摄）

此前，徐福第一次东渡成功，来到济州岛的时候，曾经对汉拿山上的药草进行了仔细研究。虽然不是仙草，但的确有延年益寿的功效。后来徐福西归，留下了一部分童男童女，让他们在这里继续寻找仙草。几年之后，这一部分童男童女接到了新的任务和指示：能否寻找到仙草已经不重要了，现在是要开始种植五谷，繁衍后代，在当地传播和推广中华文明和文化，通过种植粮食、建筑房屋，帮助当地的人们提升生产水平和提高生活质量，让中华文明在这里落地生根。

这是一项全新的任务，也是一个巨大的挑战。因为以前他们只是寻找仙草，只是暂时停留，现在要长期生活下来。因此，他们从山洞中走出来，来到了平原上。将种子撒进肥沃的土地之后，他们又盖起了房屋，带来了关于稻谷从耕种到丰收的各种礼仪，以及饲养牛马，开挖矿山，打造冶炼各种生产和生活用具等。他们时而在田间忙碌，时而骑着马在旷野上尽情地奔跑，时而举行神秘的祭祀仪式，从太阳到月亮到大山，乃至于大树、岩石等各种神灵，无不有着一套仪式，祈求神灵降福，保佑自己和族人健康长寿，充满活力，享受生命的欢乐。他们虽然是拥有高级文明和文化的渡来人，却又是那样谦卑、温顺，彬彬有礼，对待当地人一视同仁，帮助他们发展生产和改善生活，栽种五谷，养蚕织布，放牛骑马，传授给他们一些基本的知识和技能。

应该说，继遥远的殷商末期，箕子为逃避纣王迫害，主动带着家人渡海来到朝鲜半岛之后，这是中华文明和文化又一次给这片土地带来蓬勃活力。箕子时代迁徙的人数有限，生产力水平也不够发达，只能偏于一隅。只有在徐福东渡以后，随着种稻技术在济州岛得以大范围推广，与之相关的生产技术、祭祀礼仪，配套耕作工具、生活工具的制造和广泛使用，中华文明和文化才在这片土地上真正生根发芽，并且最终融入了当地人的生命和精神。

福文化在韩国的遗存和流传

千载悠悠，中国和韩国的政治、经济、文化、艺术等交流活动从未间断。

2014年7月4日，中国国家主席习近平访问韩国，在首尔大学的演讲中，他提到“中韩友好佳话”的代表人物——东渡求仙来到济州岛的徐福，在介绍“中国是一个什么样的国家”时候，给出了三个关键词：“和平”“合作”“学习”。这也是2000多年前，徐福和千童来到韩国济州岛所带来的基因。

一是和平。中华民族自古以来就是爱好和平的，和平是镌刻在我们血脉深处的天然基因。从历史上说，中华民族之所以能够历经五千年风风雨雨而始终屹立于世界民族之林，就在于对“国虽大，好战必亡”箴言的信守和坚持；从现实说来，中华人民共和国成立以后，尤其是改革开放以来，

济州岛西归浦市徐福展览馆（方毓强　摄）

始终坚持和平共处五项基本原则，坚定不移地走和平崛起的道路。中国的和平崛起在人类历史上是一个极其独特的存在，也是一个具有世界意义的贡献。

二是合作。“21世纪是一个合作的世纪。”自从习近平总书记提出中华民族伟大复兴的“中国梦”以来，中国注定要在一个更为宏大的时间和空间内，与周围国家，与亚洲乃至全世界展开真诚而广泛深入持久的合作。习近平主席提出了“亲、诚、惠、容”的四字合作方针，实践也证明了这一方针正确有效。

三是学习。中国人民是虚心好学的。当年孔子观周，在太庙中看到攲器，就告诫自己的弟子：一定要谦虚啊！如果没有水装进去，就会斜着；如果水装得太满了，就会倾覆。《尚书·大禹谟》载：“满招损，谦受益。”中国的父母都是如此告诫子女，只有始终保持谦虚，不断地学习别人的长处，弥补自己的不足，才能够持续不断地进步。

试想一下，当两千多年前，徐福他们带着这样的中华民族基因，将中华文明和文化传播推广开来，他们能不受到当地人的欢迎吗？这也是我们一再强调的，这是文明和文化的交流、融合，而不是征服和掠夺。因为征服和掠夺一定会留下惨痛的记忆，而在济州岛居民的记忆里，徐福千童是美好、善良、真诚和亲切的。

今天，济州岛上尚且有众多徐福千童东渡的纪念设施、活动和祭祀仪式。

从韩国至今流传的一些祭祀仪式和风俗活动中，我们还能看到中华福文化的遗迹：

一是祭祀的日期。韩国人重大的节日一般都安排在单数，这让人想到“福无双至”，福是与数字中的单数联系在一起的。简单地理解，福不会在双数的日子里来到，所以重大活动要安排在单数，为了迎接福神、福气。

二是祭祀穿着白色的衣服。韩国人喜欢白色，崇尚白色，那么白色与福有什么关系呢？一说韩国这一习俗来自中国殷商时代，殷商崇尚白色，箕子流亡到朝鲜半岛，将此习俗传了下来。而我们认为，韩国人喜白，和福有关。福文化源起东夷文化，东夷人崇拜太阳，太阳初升那一刻是白色，所以以白为太阳神的颜色。而且少昊为太白之子，所以少昊一族崇尚白色。徐福作为少昊后人，自然继承了这一传统。今天，韩国人在祭祀徐福的时候，画像中的徐福就穿着白色的衣服。

正房瀑布海滩上的徐福祭坛（方毓强　摄）

这应该是韩国人纪念徐福而流传下来的风俗吧！无独有偶，在日本也是以白色为尊贵。

三是韩国人有在新春祈福的时候家家户户挂竹笊篱的风俗习惯。笊篱是用来淘米之物，这应该是为了纪念当年徐福将稻米耕作文化传入韩国。与稻米种子和种植技术一起传来的就是这种祈福的仪式，流传至今。

总之，相信随着中韩人民的世代友好，徐福千童这座文化桥梁将更加坚固！往来于这座桥梁上的后人们，秉承和发扬徐福千童精神，亦必然为两国政治、经济、文化和艺术交流做出贡献，亲情和友谊万古长青！

日本：登陆，和平与美好的使者

综合《史记》《后汉书》《三国志》，五代后周时期义楚和尚所写的《义楚六贴・城郭・日本》等历史文献记载，可以清楚地得出结论：徐福千童一行的确到了日本，而且居住下来。

徐福千童在日本的登陆之地，目前主流观点是日本九州南部鹿儿岛的串木野海边一带陆地。这里至今尚且留有“岳冠”。据紫尾神社记录，徐福一行在这里登陆后，曾经爬上山顶，并且将所戴之“冠”留在了山顶。之后，通过有明海的复杂的出入海口，来到了熊本县的金峰山，又一次登上山顶。《熊本县史志》记载，徐福发现这里山上云雾缥缈，就上山寻访仙人及仙草。他在这里停留的地方，后人叫作“仙石”，因此这座山上也留下了徐福祠。

从有明海北部流域河口，徐福千童的船队在一只杯子的漂流带领下，在诸富町上岸。这里至今尚有“徐福上陆地”，以及徐福亲手种植的古树。

之后，徐福千童又到达了金立山。徐福一行应该在金立山停留的时间比较长。一个有趣的故事是，在探索金立山的过程中，徐福还和当地部落首领源藏的女儿阿辰发生了一段浪漫的爱情故事。传说阿辰是作为徐福等人的向导而来到徐福身边的，然而在带领众人转遍金立山各处后，阿辰姑娘竟然对徐福产生了爱恋之情。只是徐福正忙着寻找安营扎寨的地方，又忙着计划寻找合适的地方种植五谷，建筑房屋，放牧牛马，种桑养蚕，一天到晚忙忙碌碌，哪里顾得上阿辰一片痴情。再说，徐福已经四五十岁了，尽管夫人没有随行而来，几个儿子却是来了的，身为人父的他怎么可能沉溺儿女私情？因此自然冷落了阿辰。阿辰一个年轻姑娘家，第一次爱上一个人就这么受到冷淡，不由得患上了单相思。她父亲着急万分，托人去向徐福说明情况。徐福听了，顺手将自己的佩剑交给来人，让他回去告诉阿辰姑娘：给自己五年时间，五年以后，一切事情都完毕了，自己就可以功成身退，去和阿辰姑娘长相厮守了。这当然是一段安慰的言语，偏偏来人听错了，将“五年”听成了“五十年”。回去和阿辰姑娘一说，阿辰一听“五十年”，以为这就是徐福拒绝自己，又给了自己一把剑，这不是让自己自刎而死吗？又急又羞，一狠心，她竟然真的就抹了脖子，殉情而死。据说她死后就成了神，当地人给她建了庙宇，供奉她的塑像，称她为“阿辰观音”。

位于日本佐贺县佐贺市内的徐福上陆纪念碑（普书贞　摄）

位于日本佐贺县的阿辰观音寺（图中右前方）（普书贞　摄）

很多人都被这个古老而浪漫的故事打动，却忽略了一个很重要的信息：阿辰的“观音”称谓。为什么在那么早的时候，会有“观音”之称呢？难道那个时候佛教文化已经传到日本了吗？其实还真有可能，而且将佛教文化传到日本的不是别人，正是徐福。

根据《乾隆大藏经·佛祖历代通载》所记：“沙门室利防等一十八人。来自西域。帝恶其异俗以付狱。俄有金刚神。碎狱门而出之。帝惧即厚礼遣之。”其时间在癸未年，也就是秦始皇二十九年（公元前218年）。据说，一开始秦始皇要杀掉他们，给他们求情的就是徐福。这时候是徐福在琅琊上书秦始皇后的第二年，也可能他从海上回来后，就到了咸阳宫，成为御前官员，担任博士一职。对于徐福的话，秦始皇还是很听从的。徐福劝秦始皇：“您如果真想求仙得道的话，就不应该杀了他们。”秦始皇果然答应了，免除了沙门室利防等人的死刑，改为下狱。徐福对狱中的沙门室利防等人很是照顾。沙门室利防等人非常感谢徐福，将随身携带的经书、佛像等都交给了徐福，后来一行人得到释放，就回国了。这是佛教最早传入中

日本佐贺县阿辰观音寺内供奉的阿辰观音（普书贞　摄）

国的一次不成功的尝试，却和徐福结下了莫大的因缘。

在日本，至今在秦野市蓑毛的临济宗宝莲寺由来书上，记载着这一段故事。沙门室利防等人带到中国的佛像等物品，最终传到了日本。

正因为徐福和佛教有这么一段特殊的机缘，所以当年东渡，他应该是带着其中一部分佛像的，尤其是观音像，徐福可能随身携带。他来到金立山后，因为和阿辰朝夕相处，可能就把观音像送给了阿辰。得知阿辰殉情而死的消息，徐福唏嘘不已，于是告诉当地人，阿辰成了观音，并且将阿辰和观音的相貌融合，为阿辰塑了像，阿辰就成了“阿辰观音”。金立山遂成为佛教从中国传播到日本的第一站。

徐福没有想到的是，他和阿辰这一段没有结果的爱情故事，被当地人民给圆满地促成了“姻缘”。徐福等人离开金立山后，当地人为了纪念他们，在金立山上创立了“金立神社”，供奉三尊大神：保食神、冈像女神和徐福神，后来又增加了五谷神、水神、武神等。据金立神社《由绪记》所载：“金立神社是神武之朝振兴时之创设。”其时间当在公元前200年左右。更值得注意的是，祭祀徐福大神的日期，是4月27—29日。按照中国农历计算，正是三月二十八日前后。至于祭祀仪式，当地称为“氏子节”，更让人不由想到中国盐山千童的信子节，二者之间实在有太多惊人巧合。

祭祀的盛大仪式，50年一次，历经2000多年而不衰。最近一次大祭是在1980年，金立神社创立2200年的大祭。4月27日一早，人们在金立神社上宫的本殿举行完祭祀仪式后，又陆续到中宫、下宫举行各种表演活动。4月28日，徐福神像被请进“神舆”里，在众多人群的簇拥下，一路来到当年源藏宅院的遗址处，这里有阿辰观音的观音堂，人们会将徐福像请下“神舆”，让其与阿辰观音相会。之后，再将徐福像请上“神舆”，在祭祀队伍的簇拥下来到当年浮杯登陆的地方，面对大海举行祭祀，也是一天活动最高潮。4月29日，队伍返回，活动结束。三天的活动，参与者成千上万。人们抬着“神舆”，“氏子”也就是童男童女，用悠扬而动听的童声一路唱着颂扬和怀念徐福之歌。这样的一幕，历经2000多年岁月沧桑而流传至今。在他们的心底，是徐福千童当年渡海而来留在当地的深深印记；时刻涌动的是对徐福千童的恩德、友谊最真诚的感谢和最美好的祝福！

让我们一起来品味一下《金立神社五十年大祭之歌》：

巍巍高耸金立山，
红叶秋日已经过去，
枇杷花开一年又逝。
在梅花笑应黄莺，
叽叽铃铃清脆的鸣叫声中，
那四月佳日这就来临，
两千余年悠久的历史啊，
欢欣庆祝神社的祭奠。

奉到始皇的旨命，

率领童男和童女，
徐福一行在有名的寺井湾畔登陆，
劈开茂密的芦苇向前迈进，
那金立山的登山路上，
如今芦苇变成片片单叶，
山上一望眼前多么广阔，

千寻布匹铺地以迎接嘉宾，
酋长的掌珠展演接待，
在千布巷留下良宵绮梦，
越过下宫山腰的树林，
紫色山岚好像一座大门，
徐福一行在这里暂居安憩，
以不老瀑布冲去旅尘，
沉重的行李卸放在中宫冈上，
……

读着这文字，听着这歌声，仿佛我们的思绪，也被带到了2000多年前的时空，看到徐福千童一行来到金立山的一幕幕，时间和空间恍如在这一刻骤然定格，然后穿透历史的沧桑而化作了永恒……

徐福在日本称王建国的可能性分析

《史记·淮南衡山列传》中写得非常清楚："徐福得平原广泽，止王不来。"根据日本专家考察，平原广泽很有可能是佐贺县的吉野里一带。

"吉野之里"，位于日本佐贺县，长久以来都是一片荒芜之地，当地一直流传有徐福的传说。1934年，神埼高等女校的七田忠志先生，首次在学术杂志上发表文章，指出“吉野之里”是应该注意的古迹。因为当时正逢第二次世界大战，所以此事没有引起人们的注意。直到20多年后的1953年，有一次突然发大水，水退之后人们发现，“吉野之里”的墓地里出现了许多骸骨。七田忠志先生立即联系到了九州大学金关丈夫教授。金关丈夫研究发现，这些骸骨比当地的日本人长，判断为“外来的弥生人”。弥生文化在日本文化史上是一个奇迹般的存在。本来日本岛上原住民都是绳文人，长时期处于石器时代，但是弥生人打破了这个现状，其中一支“外来的弥生人”更是具有高度发达的文明和文化，在很短时间内就战胜了原住绳文人。1999年，日本政府决定开发“吉野之里”。当地徐福传说的支持者请专家到“吉野之里”进行考古研究。结果正是这一次连专家都不愿意来的考察，有了日本20世纪规模最大、保存最为完好、出土文物数量最为丰富的弥生文化遗址重大发现。发掘出由大壕沟围起来的40公顷的弥生时代的“小国”古迹，包括宫殿般的高台建筑物、瞭望台，周边还有高床仓库群以及带防御性质的军事设备。根据考古发现，在这个“小国”内，除了稻谷之

瓮棺遗址（日本佐贺县神埼町吉野里公园博物馆内）（普书贞　摄）

日本佐贺县神埼町吉野里公园局部房屋及隔离篱笆（普书贞　摄）

日本佐贺县神埼町吉野里公园局部壕沟（普书贞　摄）

1999年6月7日，河北徐福千童会访日代表团与佐贺市政府会谈

外，还有青铜工房、织布工房、烧窟等遗迹，说明这个“小国”初步具备了国家的规模，而且在出土的用大缸制作的棺材里，发现了身上带有12个射箭伤口的遗体、没有头的遗体等，应该是牺牲的战士。而瓮棺又是一种非常奇特的埋葬方式，绝非日本本土所有。出土的2000多具瓮棺，以及其他生产和生活用具，经过中国专家鉴定，均属中国秦代制品。

以上事实充分说明：徐福千童一行在“吉野之里”一带停留的时间足够长，而且很有可能建立了登陆日本后的第一个成规模的正式根据地。

当然，如果说这时候徐福就产生了建立国家、自立为“王”的想法，我们认为还为时尚早。毕竟徐福所肩负的使命远非如此简单。他不是为了建国、称王和征服而来，而是要推行德政和王化，传播华夏文明。

根据今天徐福和千童在日本留下的遗迹和传说，我们推测，他应该是在日本佐贺吉野里首先建立了根据地，然后化整为零，派出了各路不同的船队和人马，从水路和陆地并进，对日本全岛进行了有计划、有组织的探索。

徐福的计划应该是分成以下几个部分进行：

一是侦查。派出军事力量，对日本全岛进行探索，摸清山川地理、人物风土、作物产出等情况。

二是派出童男童女，去各个地方传播五谷作物或者种桑养蚕、纺织技术。例如在福冈县八女市山内町，距离金立山20余公里处，就有童男山和童女山古坟。据说，当年童男童女奉徐福之命，到这里传播种桑养蚕的技术，后来病死在这里，因而就地埋葬得名。每年的元月二十日，这里都要举行篝火节。福冈古称博多，据日本专家解释，博多是古代日本“纺织”技术的代表，会纺织的人，也就是秦人带来了纺织技术。

三是寻找仙药。这始终是徐福东渡的重点。只要是可能出现仙药的地方，徐福都会亲自前往探查。日本和歌山县保存有大量的徐福遗迹。这里最为有名的，则是阿须贺神社里的灌木“天台乌药”。有趣的是，从名字上可以知道，天台乌药原产地是中国浙江台州天台山。《本草纲目》载：“乌药，以出天台者为胜。”原来徐福在沿海寻找药草的时候，曾经有一次到过天台山，这里亦是传说中神仙出没的仙山，产有可令人延年益寿的药草。徐福在天台山中找到了天台乌药，制成天台乌药散、乌金丸、乌药顺气汤，是内科、妇科等的常用方。徐福将此药带到了日本。唐朝时期，高僧鉴真东渡日本，据说也带去了天台乌药，并用此药治好了光明皇太后的顽疾，

日本福冈县八女市童男山古坟遗迹（普书贞　摄）

因而被尊为日本的“神农”。

天台乌药成为徐福来到和歌山县新宫市的一个重要证据。而在神社附近，还出土了大量弥生时代的竖穴式居住遗迹，各种文物上千件。另外在其他地方也留有徐福马鞍、徐福神舆、徐福木板雕像等。

当然了，在所有的山川中，最引人注目的还是富士山。徐福最终应该是落脚在了富士山一带。因为富士山在当地又叫作“不二山”，很多人更是直呼为“蓬莱山”。至今，富士山周围遗留的徐福遗迹也是最多的，有富士吉田徐福祠、波多神祠、浅间神社徐福祠、鹤冢及鹤冢碑、小明见徐福祈雨地藏祠。这些都是与传说相关的遗迹，在文字方面，山梨县富士吉田市大明见的宫下家中，则存有唯一的一部据说是徐福撰写的文献——《宫下文书》，又名《开辟神代历代记》《徐福文献》。

这本文书，据说由徐福最先书写整理，然后由富士山麓的阿祖山神宫的神官们代代书写，历经千年，后来经过一次富士山的大喷发，太神宫被毁，神官们将文书转移到了相模国的寒川神社。又过了几百年，阿祖山神宫的大宫司誊写了寒川神社原本，又带回富士山麓本宫，保存至今。

今天，我们无法一睹《宫下文书》的真面目，也无从解读其神秘历史和文字，但可以肯定，文书中一定有关于徐福千童一行的真实情况记载。

在富士山麓一带，徐福一行长久地停留了下来。因为要探索广袤而神秘的富士山，还要帮助周围的原居民播种五谷，建筑房屋，发展生产，种桑养蚕。在吉田市一带，徐福等人传授给当地人养蚕纺织技术，这里至今仍然是日本最有名的产丝之地，被称为“甲斐之国”。因为徐福对当地人民巨大的帮助，人们将其尊为“纺织之神”。

最终，徐福是否在日本建立了自己的国家，是否称“王”，历史没有留下记载，后人也只能猜测纷纷。

第一，徐福在富士山麓一带，应该建立过一个初等规模的国家政权。这也是从佐贺、鹿儿岛一带的地方集团，一路向前推进到以富士山为中心的全国性集团的必然发展过程。从佐贺开始，徐福就向日本全岛派出童男童女，经过几年的时间，这些童男童女都已经长大成人，不但融入了各个部落，而且不可避免地要和当地人通婚，繁衍子嗣。而通过这种婚姻关系，各个地方部落也顺理成章成了徐福集团的联盟力量。这样，以四面八方的联盟作为支持，徐福在富士山麓建立一个国家政权水到渠成。

其实，关于徐福在海外建立政权，应该也是得到秦始皇支持的，甚至根本就是他和秦始皇制订的宏大计划中的一部分。秦始皇统一中国，致力于构建一个万世一系的大帝国。除了内部设计好各种制度，尽可能完善治理手段，还必须要提防来自外部的威胁。这个外部包括东南西北四个方位。秦始皇第一次巡行就是往西。他发现西面的威胁并不大，因为秦国几百年的经营，称霸西戎，西面的人们对于秦国可以说完全归心。北面的胡人威胁是最大的，也是最直接的。就连燕国方士都知道“亡秦者胡也”，所以秦始皇才让蒙恬带几十万大军，北击胡人。又不惜耗费大量人力物力，修筑万里长城，准备一劳永逸地解决北方问题。南方的百越也是个大问题，秦始皇派尉陀南征，就是要扫平南方。尉陀平定南越，自立为王，也许不是出自秦始皇授意，但的确在客观上为大秦构建起了一道牢固的屏障。这样，三面的问题都解决了，就剩下了东面，也是秦始皇最不放心的。因为东面虽然是苍茫的大海，但并非天地尽头。东方海外尚且有可以居住的岛屿，例如朝鲜半岛、日本列岛，都是有人居住的。从箕子的时候就有海外移民，到了秦末则随着秦统一六国而达到了一个高峰。即使当地土著的文明和文化程度不高，生产力也不发达。可是一旦从中国逃亡过去的大批移民占领了当地，建立了政权，迟早会对大秦构成威胁。与其坐等威胁出现，不如防患于未然。这也是秦始皇派徐福带领众多童男童女渡海的根本原因。如果有可能，就择机建立一个政权乃至国家，将东面归于一统，以永远作为大秦拱卫。

以秦始皇的智慧和雄才伟略，图谋之长远，不可能想不到这一点。这也可以解释：为什么徐福千童集团的东渡，看起来更像是一次大规模的移民，是国家计划和组织行为，而不可能是徐福一人策划所为。只是这么庞大的计划，不足以为平民百姓所知道，因此对百姓只说是寻仙求药。

第二，既然徐福在日本列岛上建立政权或者国家，是和秦始皇共同制定的既定战略。那么，当他在日本列岛上全部派人侦查过一遍之后，最后选择在富士山一带建立政权乃至国家，就是一个不需要犹豫的必然选择。

富士山的地理位置优越，位于日本列岛中部，是日本岛上的第一高山，山顶终年积雪不化，山下四季如春。从各个方向看，富士山都居于高高在上的中心位置。孔子说："为政以德，譬如北辰居其所而众星拱之。"富士山在日本又被称为"不二山""圣岳"，都是最尊敬的意思，在此立国，以富士山作为国家圣山，是再理想不过的选择。

在富士山一带建国，对于两件国家大事都有着根本的影响。我们从一开始就提到过，"国之大事，在祀与戎"。对国家来说两件根本大事，就是祭祀和战争。祭祀每年都要举行，大的祭祀一两次，小的祭祀无数次。祭祀天地四方的各种神灵，以及家族的祖先。其中最隆重的无疑是祭祀上天，一定要到距离天最近的地方，因为这样说出来的话才更容易被上天听到。富士山被认为是天神经常下凡和居住的地方，是再理想不过的祭天场所了。戎，就是军事，就是战争。一旦国内四方有事，从富士山这个中心出发，军队能够以最短的时间到达，解决问题，以保障国家的安定。实际上，今天日本的东京，仍然是在距离富士山不远的地方，就是一个绝佳的例子，足以说明这个地方对日本全岛的辐射力和控制力。

第三，在众多关于"蓬莱山"的传说中，富士山是最接近的一座。很多人也容易将富士山和中国的泰山做一个比较。二者几乎都具有"生"和"死"两种截然相反，却又融合一体的特点。传说中，泰山上面直通天界，下面则是黄泉。可以登天成仙，也可以落入黄泉成鬼。生死转换，贯通天地。神、人、鬼，三者在这里构成了和谐一体的存在。富士山山顶终年积雪不化，一片洁白晶莹，清冷寂然，正是神仙居住的地方。富士山山下四季如春，是烂漫浓烈的生命展示美丽的所在。富士山下面是一个巨大的熔岩层，不知道什么时候就会喷发，一旦火山喷发，就是毁灭一切的死亡之神降临的时候；但是那些火山灰里面又蕴含着丰富的养分，可以从中滋生出新的生命，所以生死轮换，在这里是有一个“不死”的概念的。富士山又被当地人称为“不死山”。再联想到蓬莱山叫“蓬壶”，富士山正像一个没有盖子的壶，时时蒸汽沸腾。

徐福来自齐国，对于泰山是再熟悉不过的。因此，在发现了富士山之后，他一定会对富士山非常着迷，花了很多时间来研究这座山的特性，了解这座山的秉性和脾气。他亲自上山寻找药草，辨别每一种药草的属性。他在富士山上留下的遗迹和遗存应该是非常多的，包括一些具有明显象征意义的建筑，一些刻石。甚至可以想象，徐福将从中国带来的一些重要信物、资料、典籍，以及亲笔撰写的文书，都收藏在了富士山上的建筑中。他也一定希望这些包含着自己的生命和精神，承载着中华文明的经验和智慧的珍贵物品能够代代流传下去。

至今留有众多徐福遗迹和传说的富士山（叶茂[①] 摄）

① 叶茂，旅日摄影师，日中写真交流协会副会长。

但最终，一件最意想不到的事情发生了：可能是伴随着一次大地震，富士山突然喷发。地震加上火山喷发，一下子将徐福在富士山精心修筑的宫殿和祭祀庙宇之类的建筑摧毁了，大批记录在竹简上的文字资料，令人痛心地被烧成了灰烬。从大秦带来的一些重要典籍也惨遭焚烧。如同欧阳修《日本刀歌》诗云："其先徐福诈秦民，采药淹留丱童老。百工五种与之居，至今器玩皆精巧。前朝贡献屡往来，士人往往工辞藻。徐福行时书未焚，逸书百篇今尚存。"徐福第一次东渡时还没有发生焚书坑儒的事件，其携带的图书典籍中，有大量的百家书篇。这些思想智慧本来在大秦已经失传，却可能在日本流传下来的。令人痛惜的是，富士山一场无情的大火，摧毁了这个脆弱的可能，徐福想要保留的中华文明和文化的根脉也随之折断。

不但是富士山上的宫殿、庙宇楼阁，连带着富士山麓下刚刚建立的政权国家，也遭受了沉重的打击：徐福被迫带着全都城的人向外迁移。而且时间仓促，只能携带珍贵之物，大批的建筑都被大火无情地吞噬了。

这是一次毁灭性的打击，让人想到著名的庞贝古城。只不过庞贝古城完成了发掘，而徐福所建立的这个政权国家，其遗址还不知道沉睡在什么地方。也许有一天也会如秦始皇兵马俑一样，因为一个偶然的机缘而重见天日。如果真的有这样的发现，那么一定会解开一个千年谜团！

徐福千童的最后归宿猜想

关于徐福千童的最后归宿，我们分为两个部分来做一番梳理。先说千童。

一是千童的人数。综合几次徐福出海，我们可以断定，跟随徐福出海的童男童女总人数为3000～5000人。这么庞大的群体，除了在韩国的济州岛留下十分之一，其他的都到了日本。如果在海上遭遇风暴，在日本登陆后因为水土不服、生病而死有十分之一二的话，那么最终成功生存下来的一定在十分之六七以上。像这样一批正值青春年少、生命力蓬勃旺盛的男女，群体的繁衍和壮大是十分迅速的。所以，童男和童女在日本，很快就融入了当地的各个部落，而且以其为主体传播和推广中华文明和文化，创造和成就了日本全岛第一次迈入文明时代的繁荣和辉煌，其后代子孙繁衍生息，不断壮大发展，也最终完全实现了与当地人的融合。日本国人民至今很多人无疑都是徐福和童男童女的后人。

二是回国的现实困难。那么，这么一个庞大的群体，他们中有没有人回到过中国呢？一定有的，但是极少。因为当时不借助大型船队的力量，仅仅依靠一两艘小船，基本上没有返回中国的可能。大型船队只有徐福可以调动，但没有找到长生不老仙药，回到中国必然受到秦始皇的惩罚，徐福不大可能贸然派大型船队回国。还有一点就是要考虑童男童女毕竟都是年轻人，适应性很强，一旦在日本岛上扎下根来，就迅速开枝散叶，有了子孙后代，这里就成了他们的生存、生命和精神家园。要他们拖妻带子，冒着巨大风险回到中国，也不现实。

三是他们中一定有人回到了中国，只不过时间上应该已经是秦末或者汉初了。由于当时正值中华大地上改朝换代，烽火连绵，他们其中个体的自发回归，已经引不起当权者的兴趣。而当他们发现这样一个纷乱之世，和日本的世外桃源式的田园生活，简直是天壤之别，也一定会心生感慨。作为前无古人的秦始皇创造的万古一系的大秦国家，已经短命而亡。而那个曾经令无数人为之梦想和憧憬的王道乐土，却已经在日本，在徐福和千童的共同努力下，基本形成了雏形。作为大秦的遗民，他们显然更愿意将自己的精力和智慧奉献给建设这样一个海外之国。

因此可以理解，即使零星的童男童女回到中国，也是悄悄隐藏自己的踪迹，而不是大张旗鼓。他们中有的回归故土，有的也许带着自己的亲人，又一次泛舟东渡，回到了韩国和日本。这也是历史上再没有关于千童消息记载的原因所在。倒是多年之后的一篇《桃花源记》，让人似乎可以感受到一点什么。“不知有汉，无论魏晋。”难道是在隐喻什么？如果这桃花源真

“东庐书声，西园琴韵，南岭竹雨，北峰松涛”（李树杰　书）

的有仙人居住，那么是否有可能就是徐福和千童后人呢？

接下来，我们再来说一说徐福，试着结合中国和日本学者的研究分析其最后的归宿问题。

第一，徐福的归宿在日本。这也是目前研究徐福的国际学者和中国本土学者近乎一致的意见。当然，也都只是猜想，没有现实的根据。大致的说法就是，徐福带着千童到了日本，在那里居住下来，发展生产，壮大起来之后建立了一个政权或者国家，最后融入日本历史。“生于中国，经过韩国，死于日本。”似乎很多人对这个结论很满意，也能够被一般的大众所接受。但有一个问题，就是至今日本尚且没有发现真正经得住检验的徐福墓，也没有出土有关徐福的确凿的文物或文字证明。徐福到过日本并且为开拓日本做出了巨大贡献，这是确凿无疑的，但他一定是“死于日本”吗？首先他是为秦始皇寻找长生不老仙药的，在各地山川寻找草药，纵然没有找到仙草，延年益寿的有效药材还是找到不少的。他自己作为第一个试验者，应该会得到不少益处。纵然不能长生不老，也会比一般人多活一些年头。这样一位近似于神仙般的人物存在，会在日本永久地停下寻找的脚步吗？例如近年来就有学者将目光投向了更为遥远的美洲。国际上的不少人也在研究一种说法“中国人最新达到美洲”是否立得住脚。美洲的古代文字、美洲的印第安人擅长使用弓箭以及制造弓箭的方法、印第安人的医术和历法、智利人与中国人的相似、在墨西哥等地出土中国秦代的钱币和古镜……很难说徐福是否从日本再度启航，继续去探索传说中的“九大州”。和他“死于日本”之说的简单结论相比，我们宁愿相信他并没有在日本永远地停留下来，而是继续驶向了远方。

第二，徐福的归宿在中国。这个观点提出是我们第一次尝试提出来的。徐福肯定是回到过中国，他和秦始皇有过秘密的约定，何况他在出海之后，并不知道秦始皇已经早早地驾崩归天了。他是忠实地执行秦始皇交给他的海外任务的。一旦任务完成，他就会选择第一时间回到中国，向秦始皇交命。只不过，徐福回来的时候，应该在三五年之后，或者七八年之后，那时候，秦始皇已经不在人世，秦二世也只当了三年傀儡皇帝就被推翻。楚汉相争，鹿死谁手尚未可知。说来奇怪，徐福走的时候举国瞩目，秦始皇亲自给他送行，成千上万的百姓对他充满了期待；现在徐福回来，却没有人注意到他的存在，他的不老仙药、长生秘术、神仙消息不再是人们热议的话题，甚至有些冷落了。本来，徐福寻找仙药、求长生秘术，就是为了帮助人们延年益寿，尽情享受生命的欢乐的。可是他发现，人实在是一种很贪婪和可怕，甚至有些愚蠢的动物，人的欲望是无穷无尽的，长生只是其中一种，而更为现实的则是争夺天下，拥有权力，成为至高无上的“王”。秦始皇虽然只当了短短十多年的“始皇帝”，可是他却三番五次巡行天下，给天下人起了一个意想不到的示范作用。刘邦、项羽，都是在亲眼看到他的至高无上的权威和对权力的绝对拥有之后而生出取代的贪婪和妄念的。“大丈夫当如是也！”“彼必可取而代也！”秦始皇刚一归天，这场天下逐鹿的争夺游戏就拉开了大幕。不管刘邦和项羽的争夺谁最后胜出，只不过是又一个“皇帝”的诞生。这也不是终局，而只是一幕序曲。如果活着只是为了见证这样一个又一个永无休止的争夺轮回，又有何意义？

永生，那是建立在对生命的尊重和肯定的最根本基础上，是出于对生命的无尽的热爱，而不是对生命的漠视和无情的摧残。永生的目的不是成为神，而是更能够随心所欲地支配自己生命，从而能够创造出更多精彩和更为绚丽的人生。说到底还是生命尽可能地丰富和提升，而非否定。

《五岳独尊》（吴云之　绘）

徐福再一次离开了。他没有再组织大规模的移民，也再没有那样的机缘。他只能按照原来的既定计划，去海外创建一片王道乐土。他可能在日本，也可能在美洲，在某一个地方做着试验。他并没有忘记中国，每过一段时间，就会派人或者自己亲自回来，看看这片土地上的百姓生活过得如何，是否已经过上了幸福美满的生活。或许直到今天，徐福的后人和千童的后人，也时时出现在我们身边呢！毕竟他们对这片故土的眷恋，对家乡的亲人们真诚的怀念和关切，是永远不会改变的！不管过去了多少年，他们的灵魂所依和精神归宿，永远在兹！

第三，徐福的归宿在大海。这同样是一个可能性很高的归宿，毕竟徐福也是人，他终有一天是会死亡的。肉体的生命必然归于终结，那么徐福给自己选择的最理想的地方是什么呢？我们想他有可能选择大海。毕竟他的一生都与大海有着这样那样的神秘联系：在大海边出生，自幼感知大海的辽阔、包容、谦逊和神秘。他出身于航海世家，从祖父到父亲都是航海家；他所仰慕和崇敬的神仙都在大海之中的神山上。他遇到的是一位崇尚水德的秦始皇，和他一样对大海有着特殊的感情。秦始皇直到自己去世，他所为自己毕生构建的陵墓，也是东向着大海的。秦始皇陵墓中出土的兵马俑，不管是什么的姿态，也都面向东方的大海。那里是秦始皇的精神所向，也是他未竟梦想的遥远延伸。而徐福也将自己的一生交给了大海：他从少年时代起到青年时代、再到壮年和老年时代，一次次渡海，去寻找海上的仙山，访求仙药，就是要探索大海的尽头。他因海而生，与海为伴，以海为师，功成于海，亦终于海。或许，他乘着一艘精美绝伦的大船出海，从此消逝于茫茫的大海之上；或许，他找到“仙山”居住下来；或许，他永远沉入了海底……

福文化在日本的遗迹和流传

徐福千童文化在日本的遗迹，可以说非常之多。比较明确可见的是地名姓氏和祭祀仪式。

一是地名。如神奈川县内的秦野、伊势原、平冢、日向药师、相模、寒川神社、丹泽、蓬莱町、大住乡；佐贺的金立山；诸富町、爱知县、青森线、宫崎县、延冈市、三重县熊野市、秋田县男鹿市、新宫市、福冈的八女市、鹿儿岛的串木野市、名古屋，不胜枚举。日本人有以地名为姓的习惯。传说徐福有七个儿子，分别都以福为姓氏，因此日本人中很多福姓都是其后人。日本第八十任首相羽田孜，宣称自己是徐福的后裔，羽田家族曾经于1993年到过中国河北盐山、羽田孜本人于2002年亲到江苏赣榆寻根认宗。“羽田”就是“秦”，至今长野羽田家族中还有“秦阳馆”的匾额。日本宝冢市前议长久武亲人提供的《长曾我部家旧记》上记载：“久武家之先祖是徐福……徐福之十五代孙河胜广隆，因战功由天皇赐秦姓。”

二是祭祀仪式。神社是日本神道祭祀的场所。类似中国的“寺庙”。根据日本古籍记载，日本人对祖先与自然神灵的崇拜从2000余年前创立金立神社就开始了。据统计，明治末年，经过整顿合并，全日本神社有11万个；1945年，日本神社脱离国家管理，仍然有10万个。次年，联合机构“神社本厅”成立，依法登记神社为87000个。日本全民几乎都参加祭祀，这让我们不由得想到徐福的祭祀或者说巫师者的身份。祭祀的神灵虽然因为复杂的情况在变化，但基本的祭祀仪式是不变的。通过祭祀向天地神灵诉求的求福和祈福的内容基本是一样的。

三是在明显可见的佐证之外，我们还想说一下“福”对日本人的生命和精神的深层次影响。这就是日本人的生死观。日本人大概是世界上对死的看法最为独特的国家。他们理所当然地认为万物有灵，人死了不是生命的终结，而是成了神灵，换了另外一种方式，依然与活着的人共存。这或许就是来自徐福时代的生死观，巫者与神灵自由沟通的产物。这种巫的意识或者说巫的精神，已经渗透在每个日本人的血脉里。生命是美，死亡亦是一种美。生死一体，人神共处，这不正是《山海经》中描述的那个世界吗？可能比徐福更早，在少昊建立海外之国的时候，这种观念就已经形成了。到了徐福时代，不过是加以强化罢了。再流传到后世，人们自然地过着自然生命和灵性生命的双重生活。两个平行世界同时同地存在着，不过颠倒互换罢了。

这样，我们就会理解，日本为什么会有那么多的“祭”，在大大小小各种各样的“祭”中，安放自己的身心，放飞自己的精神，寄托自己的灵魂。生活、生命、精神，一如天地人一样，三者和谐一体，共存共生。

只不过，徐福所传播和实践中华之福，和平与友善之福，欢乐与美好之福，健康和长寿之福，仁爱和慈悲之福，其在日本又被多少的人所误解？那些不遵循福的文化和精神甚至背道而驰的人又给世界带去了什么呢？想来这是需要我们共同思考，亦必须对福文化做出新的认识和诠释，以让更多的人参与进来，完成对福文化的传承与创新使命！这也是我们新一代的福文化的使者，所必须完成的新的历史使命！

关于徐福一生的总结或者评价

徐福，正如他的名字中秦始皇帝所赐的那个“福”字一样，他是有“福”的。

徐福有福，在于他一生热爱自己的事业，从事自己喜欢的事业，并且在有生之年，实现了自己的事业。他的福由天而授，但是更在于他自己的拼搏和奋斗。他为自己所梦想和坚持的事业奋斗了一生，可歌可泣，无怨无悔。

徐福有福，在于他对中华文明和文化的传承和传播。一个人要有怎样的幸运，才能被选中肩负这样一项光荣而艰巨的任务？徐福被选中了。他是秦始皇亲自选定的国家文化使者，和燕国的方士卢生、侯生有着本质的区别。秦始皇对他是充分信任的，是对他寄予了很高期望的。不但派他寻找仙药，更要他在东方海外筑起一道“海上长城”，拱卫大秦东面。徐福也不负使命，真的做到了。如果不是秦王朝二世而亡，如果一个万世一系的德政王化的大秦帝国真的永远存在下去，徐福一定可以在日本同样建立一个持久和稳固的政权或者国家，来拱卫中华。即使这个梦想并没有实现，但中国和日本的世代友好，是从徐福那个时候定下的基调。作为中日文明和文化交流沟通的始祖，徐福功莫大焉！

徐福有福，在于他无意之中开通了从中国通向世界的海上丝绸之路。我们说中华文明和文化有组织、有计划、有规模地向中国本土之外传播和推广，徐福是第一人。徐福千童集团是真正要把中华文明和文化的薪火、种子传播到中国以外的大九州的。这是一个何其伟大的梦想，又是一个何等艰巨的任务。但徐福和千童义无反顾地启航了，带着美丽的和平愿望和满满的善意，从中国到韩国，再到日本、美洲、远方……

从徐福开始，2000多年来，中华文明和文化从海上、陆上，一次次向外

徐福讚

徐福蓋智士，託迹王子喬。勇率三千人，奮身犯波濤。扶桑詎云遠，蓬萊不是高。避地勝桃源，揖别秦皇朝。二千二百年，不盡往來潮。西岸柳枝舞，東岸櫻花招。徐福其仙乎，名留百代標。一呼兩岸應，並肩致勤勞。共建花萼樓，共造萬里橋。世世樂怡怡，高誼凌青霄。

一九九四年十月二十日賦呈

諸公雅正

趙樸初

中国徐福会名誉会长赵朴初先生为中国徐福会主办的“徐福国际学术研讨会”题词

传播和推广。每一次我们都是和平的方式，都带着协和万邦的理想和和平友好、开放合作、互利共赢的理念，加强沟通，促进合作，共享美好。

徐福有福，很难说他是否实现了永生，但徐福所代表和传承发扬的中华福文化，却实实在在给中国之外的世界人民带去了福音和福祉。徐福千童所到之处，无不促进了当地的文明和文化程度提高，促进了生产力水平的发展。其对当地人的帮助是发自内心的真诚和善意，其融入当地人生活和生命精神的过程是润物无声的，是悠长连绵的。福，不是在口头上的自我标榜，也不是要强行逼迫他人来歌颂甚至崇拜。福至心灵，福是直接抵达和作用于心灵深处的。福是让人们永远铭刻在心田上，永远怀念的，永远以每个人自己特殊方式祭祀和追思的。

今天在韩国、在日本、在美洲，在世界上的很多地方，人们仍然以各种方式纪念徐福千童；在全球范围内，仍然有很多人对中华文明和文化充满了敬意和热情。这不是什么人逼迫的，而是一种自发的行为；这不是通过政治威压或者金钱诱惑可以实现的，而是发自人的肺腑，赤诚、热烈；其印记是铭刻在每个人的纯洁无瑕的灵魂深处的，是永远的呼唤和回响。

徐福有福，徐福的确获得了“永生”，但不是长生不老，而是他从一个人变成了千万个，他已经伴随着中华文明和文化的传承发展，融入了中华历史的长河，也融入了人类文明和文化发展的历史长河中。今天，每一个炎黄子孙、龙的传人，都是一位福文化的传承者，也是创造和发扬者。历经苦难的中华民族，尽管自身命运多舛，却从来没有放弃过为世界造福。“穷则独善其身，达则兼济天下”，每一次当我们重新站起来，挺直腰杆，进入盛世、治世，我们给邻居国家和世界人民带去的都是“福”，都是共同繁荣发展、共享和平美好！

中国人民为自己祈福、谋福，更为世界人民祈福、谋福、送福、造福！

参考文献

[1]（春秋）管仲.管子[M].扬州：江苏广陵书社有限公司，2009.

[2]（战国）佚名.黄帝内经[M].上海：中医古籍出版社，2010.

[3]（西汉）刘安.淮南子[M].北京：商务印书馆，1927.

[4]（西汉）司马迁.史记[M].司马迁.北京：中华书局，2000.

[5]（西汉）刘向.列仙传[M].北京：学苑出版社，1998.

[6]（东汉）班固.汉书[M].北京：中华书局，2005.

[7]（东汉）许慎.说文解字[M].长沙：岳麓书社，2006.

[8]（东汉）于吉.太平经[M].北京：北京诚品读库文化传媒有限公司，2017.

[9]（西晋）陈寿.三国志[M].北京：中华书局，2009.

[10]（东晋）郭璞.山海经[M].南京：东南大学出版社，2010.

[11]（东晋）葛洪.神仙传[M].北京：学苑出版社，1998.

[12]范文澜.中国通史简编[M].北京：商务印书馆，2010.

[13]周振甫.诗经译注[M].北京：中华书局，2013.

[14]滕一圣.礼记译注[M].北京：商务印书馆，2015.

[15]李零.中国方术续考[M].北京：中华书局，2006.

[16]顾颉刚.秦始皇传[M].北京：中国三峡出版社，2010.

[17]冯友兰.中国哲学简史[M].北京：新世界出版社，2004.

[18]吴怡.老子新说：我在美国讲老子[M].石家庄：花山文艺出版社，2020.

[19]林锋，叶长强.孔母：颜征在[M].北京：红旗出版社，2018.

[20]张良群.中外徐福研究（第一集）[M].北京：中国科学技术大学出版社，2007.

[21]张良群.中外徐福研究（第二集）[M].北京：中国科学技术大学出版社，2010.

[22]程天良.穿越时空话沧桑，一眼两千年[M].北京：民主与建设出版社，2020.

[23]盐山县政协文史馆.千童东渡[M].北京：光明日报出版社，2010.

[24]盐山县地方志编纂委员会.盐山县志1987—2005[M].郑州：中州古籍出版社，2018.

[25]孙晓.高丽史[M].重庆：西南师范大学出版社，2014.

[26]释念常.佛祖历代通载[M].北京：北京图书馆出版社，2005.

[27]沈泓.福神文化[M].北京：中国物资出版社，2012.

[28]殷伟，程建强.图说福文化[M].北京：清华大学出版社，2012.

每一个人都要努力耕耘自己的福田

差不多在10年前，中央电视台记者街头采访调查“你幸福吗”，结果被采访的对象各行各业都有，给出的答案也是五花八门。什么是幸福？这对每一个人来说都是一个看上去似乎再简单不过、然而又实在很难以回答的问题。幸福有时候很简单，对打工的人来说，多赚一点钱就是幸福；对沙漠中旅行的人来说，有一口清水喝就是幸福；而对富豪来说，住着豪宅，开着豪车，挥金如土，却还是感到不满足……幸福究竟是什么？似乎每一个人都有自己的标准，很难一下子说清。

但是，在10年后的今天，如果电视台再做一次街头采访，问一问百姓：“你幸福吗？”相信绝大多数的人会脱口而出：“幸福着哩。”再追问：“幸福是什么？”答案也应该是高度一致的：“活着。”这是因为我们从2020年开始，经历了一场人类历史上百年不遇、影响深远的新冠肺炎疫情。当新冠疫情在全世界疯狂肆虐的时候，我们中国有着党中央坚强有力的统一指挥，有着全国各族人民、各行各业、各条战线人们的整齐行动，有着抗击疫情、拯救生命、逆行向前的必胜信心。什么是幸福，这就是幸福！还有什么比这更具体更真实的吗？

原来，幸福并不在遥远的远方，幸福也不一定非要多么地充满诗意，需要怎样丰厚的物质基础，幸福甚至不需要你翘起脚尖去拼命地够一够，幸福就在身边，就在手中，甚至它从来都在我们心中。从我们出生开始，一直到我们自然生命的终结，幸福始终与我们相伴，只是它需要被我们感知，被我们认识，被我们深入而全面地去探索，去耕耘。

曾经有一段时期，很多人都将一句流行话语挂在嘴边：“人生没有意义。”这其实是典型的人生虚无主义。人生真的没有意义吗？我们人类与万物共生，来到这个世界上，在千千万万的机会中得到一个机会，成为健康的、肢体和头脑健全的人，然后从一个自然生命到社会生命，从孩童到成人，从完成教育到走上社会，参加工作，实现自己的人生价值，也为社会创造更大的价值，为国家和民族贡献力量。这难道不正是人生的意义吗？从古到今，每一个人都要真正地去成为“人”，去努力成为一个为自己创造幸福、也为他人带来福祉的大写的、顶天立地的“人”，难道我们的祖先和圣贤先哲不是这么一直教导我们的吗？他们不是一直这么言传身教，将这文明和文化薪火相传的吗？

福是什么？福文化是什么？我们每个人的一生，其实就是追求幸福的过程。在这个过程中反反复复地去感受和认知、去体验和感悟、去创造和奉献、去提升和超越。幸福就是一个生命连续不断地展开和探索实践、不断地超越自我而追求大我，最后达到无我的过程。所以，幸福绝不是人们通常意义理解上的：通过向神灵磕头和祈求，献上丰盛的祭品，就可以得到幸福。不是那样的，那样或许也会有一些灵验，但真正的幸福一定是操之在我，一定是跟你自身的奋斗和拼搏有关，与你做了多少利益他人的事情，为社会和国家做了多大奉献有关。小的幸福稍纵即逝，会如同一滴水在太阳下很快蒸发，消失得无影无踪；而大的幸福却如同大海一样，浪花滚滚，潮来潮去，永不枯竭！

所以，当你立志为一个人谋幸福的时候，你会得到一个人的幸福；当你立志为一家人谋幸福的时候，一家人都会得到幸福；当你立志为一群人、全社会，为着一个国家乃至全世界的人们谋幸福的时候，所有这些人都会因为你而受益。不管是怎样的志向，最终都需要落实到具体行动上。从你踏出向幸福出发和追求的那一步开始，你已经宛如一个农夫一样，扶着犁，赶着牛，在耕耘自己的福田了。你不需要担心什么，只需要专注于播种、耕耘，偶尔低声向老天祈求几句，到了秋天自然会有收获。将你的收获与众人分享，和大家一起跳起欢快的舞蹈，老天也会被感动，从而赐下幸福、健康、平安、吉祥，一切都那么地圆满、如意……

从历史到现在，从现在到未来，我们对中华福文化做了一次探索之旅，其实就是一次心灵之旅，是自己与自己的内心的一次对话，一次沟通，一次全面的探索和发现、深层的交流和融合，最后达到全然的和合。与自己和，与他人和，与社会和，与天地和，最后趋向天人合一！而这样一场探索之旅，也给了我们最为丰富的幸福体验，福慧俱增！

最后，请允许我们感谢中国徐福会为本书搭建起一个高屋建瓴的平台！

感谢中国徐福会名誉会长王伟光在百忙之中给予本书宝贵的指导！

感谢北京齐白石艺术研究会终身名誉会长齐展仪先生为本书题词！

感谢中国日本史学会名誉会长，中国社科院研究员、博士生导师，中国徐福会顾问汤重南为本书作序推荐！

感谢北京大学光华管理学院教授、北京大学原副校长张国有为本书作序推荐！

感谢中国徐福会王海民、徐福彩、吕京声等领导，对本书从策划到出版全过程给予了极大的关注并提出了各种指导和建议！

感谢河北省盐山县委书记任秋彦在和作者的交流沟通中第一时间支持写作本书；感谢时任盐山县副县长王丽梅为本书贡献的见解和看法；感谢多年来研究盐山徐福千童文化的张吉忠等专家和学者们！

相信本书一定会引起广大读者的兴趣和共鸣。从福文化到更多优秀传统文化的发掘整理，研究阐释，传播推广，让我们共同致力于将中国文化故事讲得更好！

最后需要指出的是，限于著者水平，加之时间仓促，本书难免存在这样那样的不足，一些学术观点也仅仅是一家之言。欢迎广大读者朋友指正。

2021年10月于北京